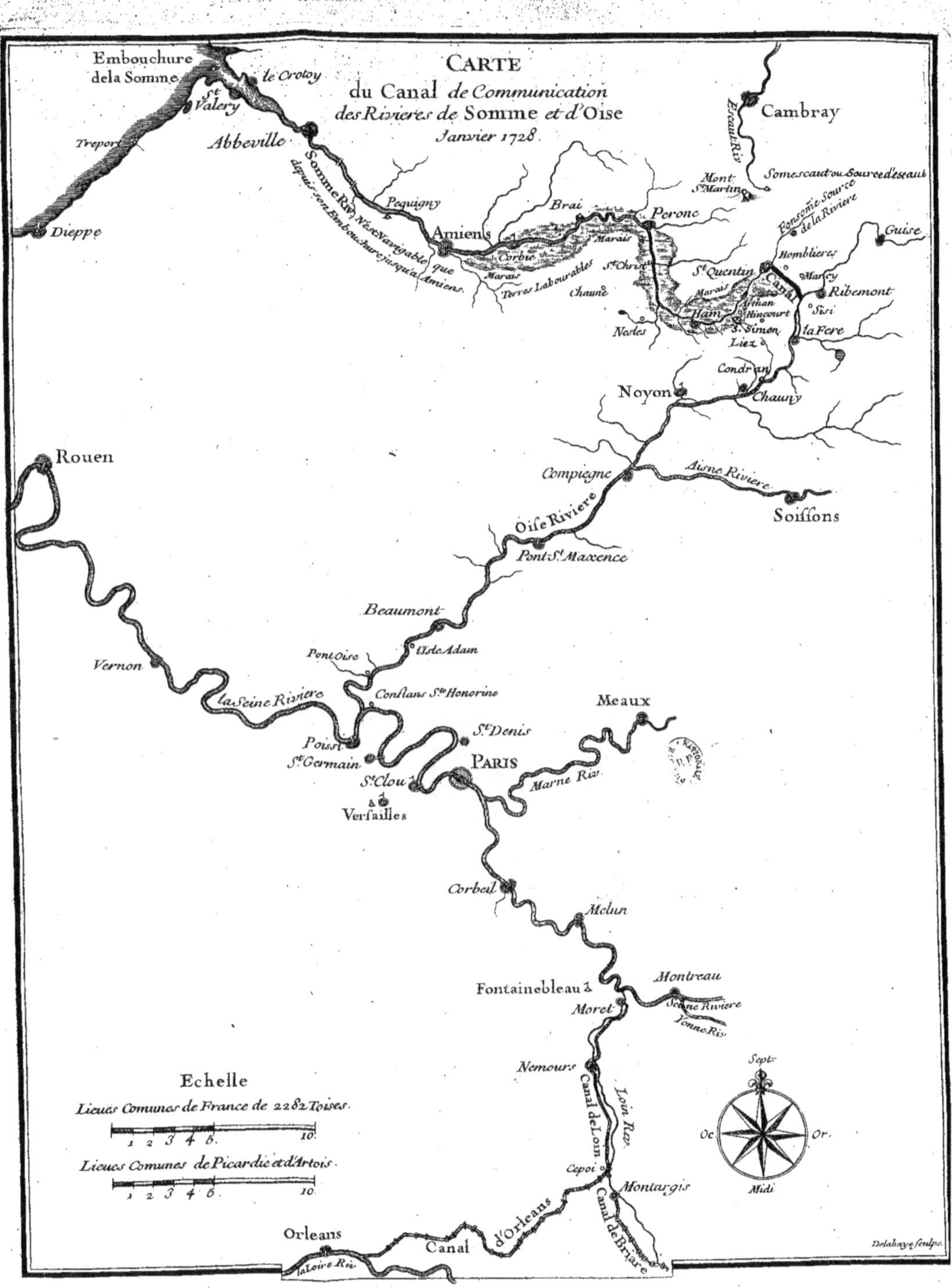
CARTE
du Canal de Communication
des Rivieres de Somme et d'Oise
Janvier 1728.
Embouchure de la Somme
le Crotoy
St. Valery
Abbeville
Treport
Dieppe
Somme Riv. N'est Navigable que depuis son Embouchure jusqu'a Amiens.
Pequigny
Amiens
Corbie
Marais
Terres Labourables
Brai
Perone
Cambray
Escaut Riv.
Mont St. Martin
Somescaut ou Source de l'escaut
Fonsome Source de la Riviere
Guise
Homblieres
St. Quentin
Canal
Marcy
Ribemont
Ham
St. Christ
Chaune
Nesles
Artilan
Hincourt
S. Simon
Liez
Sisi
la Fere
Condran
Noyon
Chauny
Compiegne
Aisne Riviere
Soissons
Oise Riviere
Pont St. Maxence
Beaumont
l'Isle Adam
Pont Oise
Conflans Ste. Honorine
Rouen
Vernon
la Seine Riviere
Poissi
St. Germain
St. Denis
PARIS
St. Clou
Versailles
Meaux
Marne Riv.
Corbeil
Melun
Fontainebleau
Montreau
Moret
Seine Riviere
Yonne Riv.
Nemours
Canal de Loin
Loin Riv.
Cepoi
Montargis
Canal de Briare
Canal d'Orleans
Orleans
la Loire Riv.
Echelle
Lieues Communes de France de 2282 Toises.
1 2 3 4 5 10
Lieues Communes de Picardie et d'Artois.
1 2 3 4 5 10
Sept.
Oc
Or.
Midi
Delahaye sculps.

INSTRUCTION GENERALE POUR LES INTERRESSÉS AU CANAL DE PICARDIE

A PARIS,

Chez PIERRE SIMON, Imprimeur du Parlement, au bas de la ruë de la Harpe, à l'Hercule.

MDCCXXVIII.

AVEC PERMISSION.

NOMS ET QUALITE'S DE MESSIEURS les Directeurs du Canal de Picardie.

Approuvés par l'Arrêt du Conseil, du 27. Decembre 1727.

MEssire ANTOINE CROZAT, Commandeur des Ordres de SA MAJESTE', *Place de Loüis le Grand.*

M. HERVE' GUILLAUME LE NORMANT, Ecuïer Trésorier Général des Monnoïes de France, *Hôtel de la Monnoïe.*

M. JEAN DE BOURASSE', Général des vivres de la Marine *ruë du Hazard.*

M. CHARLES GABRIEL BORY, Chevalier, Conseiller du Roy en ses Conseils, Grand-Maître des Eaux & Forêts de France, au Département d'Orleans, *ruë des SS. Peres.*

M. LOUIS MONMERQUE' DE CIRMONT, Ecuïer, *ruë Thevenot.*

M. CHARLES DE RIENCOURT, Ecuïer, Avocat en Parlement, *ruë du Roi de Sicile.*

M. CLAUDE-NICOLAS BLAMPIN DE SORMERAY, Ecuïer, Conseiller Secretaire du Roi, Maison Couronne de France & de ses Finances, *ruë du grand Chantier.*

M. PIERRE DUREY D'HARNONCOURT, Receveur général des Finances de Franche-[illegible], [illegible]

M. PIERRE BERLAN DU MASSU, Receveur des Tailles d'Argentan, *Vieille ruë du Temple.*

M. MATTHIEU RENARD DU TASTA, Conseiller du Roi, Directeur, Trésorier particulier de la Monnoïe de Paris, *Hôtel de la Monnoïe.*

M. JOSEPH DE VERAC, interessé dans les affaires du Roi, *ruë de Richelieu.*

M. PAUL HENRY CAIGNART, Sieur DE MARCY, Doïen des Conseillers du Baillage Roïal de S. Quentin, *ruë du Haut-Moulin.*

Messieurs les Ingenieurs, nommés par Arrêt du Conseil du 27. Decembre 1727.

M. DE REGEMORTE, Directeur du Canal de Loin, pour S. A. S. Mgr. le Duc d'Orleans, Contrôleur Général des Turcies & Levées de la Loire, pour Ingénieur en Chef.

M. DE PRE'FONTAINE, Ingénieur au Département de Cambray pour Ingénieur en second.

M. BESNIER Notaire de la Direction, *ruë S. Martin*, vis-à-vis S. Nicolas des Champs.

AVERTISSEMENT.

LA propoſition faite au Conſeil du Roi, par le ſieur *de Marcy*, Doïen des Conſeillers du Baillage de S. Quentin, d'établir un Canal en Picardie, pour faire la communication des Rivieres *de Somme* & d'*Oiſe*, & de rendre ces deux Rivieres navigables aux endroits neceſſaires: le Rapport fait par le ſieur *Demus*, Brigadier des Armées du Roi, Ingenieur en Chef des Provinces de Picardie, & Soiſſonnois, de la poſſibilité de cette entrepriſe, en aïant levé ſur le terrain les Plans, pris les Niveaux, & fait les Devis de la dépenſe générale, ſuivant les ordres qu'il en avoit reçû du Conſeil. L'avis de Monſieur Chauvelin Intendant de Picardie, & de Monſieur Turgot pour lors Intendant du Soiſſonnois, des utilités, & des avantages de cette navigation. L'avis auſſi que Meſſieurs du Bureau du Commerce ont donné en faveur de cette entrepriſe, comme très-avantageuſe au bien général de l'Etat, & en particulier à la ville de Paris; tous ces motifs ont déterminé SA MAJESTE' d'accorder un Edit qui a été regiſtré en Parlement, portant permiſſion de faire cette Navigation ſuivant qu'elle avoit été projettée.

En effet, si les differentes entreprises de cette nature, qui ont été faites jusqu'à present dans plusieurs Provinces, ont été si avantageuses aux peuples ? que ne doit-on point attendre de celle-ci, qui, par l'immensité de son étenduë, fera commercer ensemble, par les Rivieres & les Canaux qui la composeront, & qui se communiqueront, la partie *du Nord*, avec la partie *Méridionale*, la *Manche* avec la *Méditerranée*, & qui aura pour centre de son commerce la Ville de *Paris*.

On va constater cette verité, par le détail des Rivieres & des Canaux qui se joignent, par le nombre des Villes & des Provinces qui en sont voisines ; & par les differentes sortes de marchandises & denrées propres à chaque Province en particulier, qui, par la communication des Rivieres, & au moïen *du passe-debout* par Paris, sans païer aucuns droits, même pour les Vins, & Eaux-de-Vie, qu'il a plû au Roi d'accorder par le 15e. Article de l'Edit, deviendront communes avec les autres Provinces en général, avec moitié moins de frais, moins de tems, & avec plus d'abondance, que par les voïes ordinaires de Terre.

LA RIVIERE DE SOMME prend sa source à un village nommé *Fonsomme*. Elle passe par *S. Quentin*, *Ham*, *Perronne*, *Brai*, *Corbie*, *Amiens*, *Pequigni*, *Abbeville*, *&* *S. Valleri*, d'où elle se perd dans la Mer.

Les Provinces voisines de cette riviere sont *le Ponthieu*, *le Vimeux*, *le Boullonnois*, *le Païs conquis*, *la Flandre*, *l'Artois*, *le Cambresis*, & *Hainault* ; tout le commerce de ces Provinces se fait par les differens canaux qui répondent aux rivieres de la *Marque*, de la *Scarpe*, la *Lisse*, la *Deüille*, & l'*Escaut* qui passe à *Cambrai*, distant seulement de sept lieuës de *S. Quentin*.

LA RIVIERE D'OISE, dont la source est en Thierache, passe par *Guise*, la *Ferre*, *Chaulni*, *Noïon*, *Compiegne*, où elle reçoit la Riviere *Daisne*, *Creil*, *Beaumont*, *Pontoise*, & se décharge dans la *Seine* au-dessus de

Conflans - S. Honorine. Ces Rivieres arrosent la Picardie, la Thierache, le Soissonnois, une partie de la Champagne & de l'Isle de France.

La Riviere de Seine, en la prenant à l'endroit où l'Oise se joint à elle (c'est-à-dire, au - dessus de Conflans - S. Honorine, à cinq lieuës de Paris) passe au travers de Paris, & reçoit au dessous de Charenton, *la Riviere de Marne*; & en la remontant toûjours, on trouve à Moret le *Canal de Loin* qui fait sa communication avec la Riviere de Loire, par les canaux de Briarre & d'Orleans, & à Montereau elle reçoit aussi la Riviere d'Yonne.

Ce sont ces Rivieres & ces canaux qui abreuvent le *Soissonnois*, l'*Isle de France*, le *Parisis*, la *Champagne*, la *Brie*, la *Bourgogne*, l'*Orleannois*, l'*Anjou*, la *Bretagne*, le *Berry*, le *Nivernois*, le *Bourbonnois*, l'*Auvergne*, le *Lionnois*, le *Forêt*, la *Provence*, le *Dauphiné*, & generalement toutes les Provinces qui sont à portée de la *Seine*, de *Lallier* & du *Rône*, n'y ayant que douze lieuës de Lyon à Roüanne, où se font les embarquemens sur la Riviere de Loire, des marchandises qui viennent des Provinces ci-dessus, & de la Mediterannée, pour être transportées à Paris.

On voit donc que la jonction de la *Somme*, & de l'Oise qui se décharge dans la Seine, fait la communication de toutes ces Rivieres, & presque des deux mers, & facilite le commerce de toutes les Villes & Provinces au-dessus & au-dessous, qui se fera plus abondamment & à moins de frais, au moïen du *passe - debout* par la Ville de Paris, dont on a parlé.

Il est bon de voir à présent le commerce que font ces Villes & ces Provinces, quelles marchandises & denrées leur sont propres & particulieres, le profit qu'elles retireront en quittant la voie de terre, pour prendre celle d'eau, & de quelle utilité peut être à la ville de Paris cette navigation.

Les Provinces de Picardie, d'Artois, & de Cambresis, sont fertiles en Bleds, en Avoines, & en toutes sortes d'especes de grains : elles peuvent fournir à Paris au moins le tiers de la consommation de cette grande Ville, qui se monte au moins par jour à deux cens trente muids de bled. Elles n'ont à present d'autre débouchement, que celui que le Roi leur permet avec l'Etranger.

La Flandre fournit des toiles, des fils, des lins & des chanvres de toutes especes ; des calmandes, des tapisseries, des coutils, & une infinité d'étoffes de laine & de fil, de ses Manufactures ; des faïances, des beures, des fromages, des huiles *de Colza* à brûler, & propres pour les peintures & teintures ; des suifs, des cires, & autres denrées.

Le Hainault, & la Thierache abondent en fer, en ardoises, en bois à brûler & à bâtir, en bois de charonnage & de menuiserie, en charbons de terre, & de bois, en écorces pour les tanneurs, & en marbres.

On tirera des Manufactures d'Abbeville, d'Amiens & de S. Quentin, des toiles, des camelots, des draps, des serges & des cuirs.

On recevra par le Port de S. Valleri, des épiceries, des salines de harangs, saumons & moruës ; des beures & des fromages, des suifs d'Hollande & d'Irlande, & autres provisions de carême ; des cendres & soudes du Nord, du plomb, soudure, étain, acier, cuivre rouge & jaune ; indigo, bois de teinture, charbon de terre d'Angleterre & d'Ecosse, des suifs & viandes sallées d'Irlande.

C'est aussi par le moïen de cette navigation, que l'on garnira de sels & de tabacs, vingt-quatre greniers & entrepôts qui en sont à portée. Enfin il est constant, qu'au moïen des écluses qui seront placées aux endroits convenables, les marchandises seront en quinze jours au plus de tems, & à jour nommé, voiturées du Port de

S. Valleri au Port de S. Nicolas à Paris, à moitié moins de frais que ceux que l'on paie actuellement par les voitures de terre.

Il faut à present parler des denrées & marchandises, que ces Provinces recevront par *la Seine*, & les Rivieres qui y affluent, & par les Canaux de Loin, de Briarre, & d'Orleans, à bien moins de frais que par terre, au moïen *du passe-debout* par la ville de Paris.

Sans faire un trop grand détail de toutes les especes de provisions qui viennent par la Loire, & les Rivieres qui y tombent, qui sont particulieres aux Provinces Méridionnales du Royaume, & qui ne viennent point dans celles du Nord, comme les huiles d'olive de Provence & Languedoc, les vins de liqueurs de toutes especes, le ris, le thon, anchois, fruits secs, oranges, citrons, marons, capres, & généralement tout ce qui vient du Levant, de l'Italie, du Dauphiné, Provence & Languedoc, & autres Provinces ci-dessus détaillées; on peut s'arrêter aux vins & eaux-de vie dont les Provinces de Picardie, Flandre, & autres voisines & à portée de la Navigation, font une grande consommation par la quantité de Villes, de gros Bourgs, de Garnisons & d'Habitans qui les composent, & par le moïen des trois Foires franches qui se tiennent tous les ans à Amiens; sans compter le passage pour le Païs Etranger par le port de S. Valleri, où se font les embarquemens pour le Nord, la Mer Baltique, la Hollande & l'Angleterre.

Toutes ces Provinces & les pays *d'outre-mer* ne tirent à présent tous leurs vins, qui sont ceux de Bourgogne, d'Orleans, de Blois, de l'Hermitage, &c. que par terre, par Langres, & Reims, ou par le dépôt qui se fait à Villeneuve-S.-Georges, où les vins & eaux-de vie qui y arrivent, ne peuvent y séjourner plus de trois jours pour les voitures qui viennent par terre, & huit jours pour celles qui viennent par eau, sans être assujetties à payer un droit considerable qui va à onze livres un sol par muid.

Les vins de Champagne sont aussi voiturés par terre à ces Provinces. Il est indubitable, & le *passe-debout* par Paris sans payer aucuns droits, qu'il a plû au Roi d'accorder par l'art. xv. de l'Edit, est un sûr garand que les Provinces, pour éviter les frais considerables que leur coûtent les voitures par terre, prendront préferablement la route d'eau, qui leur rendra les vins en plus grande quantité, & à moitié moins de frais qu'ils n'en payent à présent. Cette verité a été constatée par la preuve de comparaison qui en a été faite.

Voilà jusqu'ici un précis des utilités, & des avantages que cette navigation apportera au Royaume en général, & en particulier à la Ville de Paris; d'où l'on peut conclure que le produit pour les Interessés à cette entreprise ne peut être que très-considérable, aïant un objet de commerce aussi étendu que l'on vient de le détailler.

Mais comme il n'est pas moins nécessaire que le Public soit suffisamment instruit des travaux qu'il convient faire, pour parvenir à l'execution de cette entreprise, on va lui en détailler les operations, le tems & les sommes à peu près qu'elle demande pour être entierement achevée.

PREMIERE OPERATION.

Navigation de l'Oise.

On ouvrira les ouvrages au mois de Mars de l'année 1728. par la navigation de l'Oise, en commençant depuis *Chaulni*. jusqu'à *Sissi*, passant par la Ferre; le surplus de cette riviere se trouve navigable dans sa descente. Cette operation consiste à nétoïer & élargir le bras de l'Oise qui passe à Moüy, & à Sissi; & comme il s'y rencontre

rencontre des sinuosités & des bas fonds considerables, on fera des portions de Canaux pour les éviter, & pour quitter & reprendre la Riviere aux endroits où elle est plus droite, plus profonde & plus large. On racommodera l'Ecluse de Chaulni, & l'on en fera quatre autres jusqu'à Siffi. Cette premiere opération se fera en une campagne & demi; ainsi dès le second hyver le commerce se trouvera ouvert par eau, entre la Ville de Paris & les Provinces au-dessous, avec la *Picardie*, le *Cambresis*, l'*Artois*, la *Flandre*, le *Hainault*, & la *Thierache*, par la voiture des marchandises, bleds, vins, eaux-de vie, & denrées ci-devant détaillées, & mettra les Interessés en état de joüir des premiers produits.

DEUXIE'ME OPERATION.

*Canal de jonction de l'*OISE *à la* SOMME.

Ce Canal, qui sera fait aussi en un an & demi, se prendra dans l'ouverture des terres, depuis *Siffi* jusqu'à S. *Quentin* (ce qui ne compose pas tout-à-fait trois lieuës) dans un terrain doux & aisé, sans montagnes ni rochers: on lui donnera quarante-huit *pieds* de largeur, sur six de profondeur. La pente de la Somme à l'Oise est de trente *pieds*, qui seront soutenus par trois écluses, & le point d'eau se prendra du grand Etang de S. Quentin, & de la continuité des Sources & des Etangs qui y tombent depuis Fonssomme.

L'avantage que l'on retirera de ce Canal est, qu'il facilitera d'autant plus le commerce des Provinces ci-dessus, n'y aïant, comme il a été déja remarqué, que sept lieuës par terre de S. Quentin à Cambray, d'où par la Riviere de l'Escaut, les Provinces & Villes voisines tirent & envoïent par eau, par le moïen des Rivieres & des Canaux de communication, toutes sortes de denrées & marchandises.

TROISIE'ME OPERATION.

Navigation de la SOMME.

Cette operation se divisera en deux, dont une depuis S. *Quentin* jusqu'à *Amiens*, passant par *Ham*, *Peronne*, *Brai*, *Corbie*; & une autre depuis *Amiens*, jusqu'à *Péquigni*.

Celle de S. Quentin commencera par une écluse qui sera construite entre les deux Etangs de cette Ville. On continuëra les travaux dans le courant de la Riviere, en suivant le bord le plus ferme & le plus solide : & comme dans ce courant il se trouve des gouffres, des profondeurs d'eau, des marais tremblans, & des sinuosités qui pourroient être un obstacle à la Navigation, on fera, comme à la Riviere d'Oise, des portions de Canaux pour quitter & reprendre la Riviere aux endroits où elle se trouvera plus large, d'une profondeur raisonnable, & où les bords seront plus fermes & plus solides pour le tirage. On mettra dix écluses depuis S. Quentin, jusqu'à Amiens, pour soûtenir & ménager les eaux; & au moïen de ces écluses, de leurs versoirs & des contre-fossez, le canal de la Navigation sera toûjours dans le même état : il y a cent pieds ou environ de pente de S. Quentin à Amiens, où la Riviere est depuis Corbie navigable, ainsi que dans plusieurs endroits dans son courant : & au moïen de l'ouverture des chaussées, & de la suppression de plusieurs moulins qui retiennent les eaux de la Riviere & des contre-fossés, les marais de la Somme se trouveront déssechés, & deviendront de bonnes prairies, sur lesquelles se prendra la redevance de quarante sols par an par fauchée, accordée par le cinquiéme article de l'Edit.

L'autre opération depuis Amiens jusqu'à Péquigni se fera, par la suppression d'un Moulin que le Chapitre de cette ville a fait construire sur l'ancien *Lit* ou *Canal* de la Riviere; lequel *Lit* il faudra curer & approfondir, en ôtant les immondices que l'on y jette depuis un très-long-tems: & comme il ne passe que le long de jardinages, & de petites maisons de jardiniers, & cabannes de peu de valeur, il n'y aura que de légers dédommagemens à donner aux Propriétaires de ces héritages. On continüera les travaux au sortir d'Amiens en curant & nettoïant la Riviere, & en ôtant les attérissemens, graviers & sables qui s'y sont amassés en differens endroits. Ces attérissemens ne sont pas considérables, puisque la Navigation est actuellement ouverte depuis Amiens jusqu'à S. Valleri; le travail qui s'y fera, est seulement pour la rendre plus commode.

Il sera encore nécessaire de faire une Ecluse à Péquigni, d'y travailler au Port, & de supprimer *le Guindal* qui y est présentement, pour faciliter le passage des bâteaux.

On fera aussi des Ponts de bois sur les grands chemins, dans les endroits où ils seront jugés nécessaires, pour ne point interrompre le commerce par terre: & l'on prendra sur ces Ponts un droit de passage ou de travers, conformément à l'Article XI. de l'Edit.

SUIVANT LES DEVIS de l'Ingenieur en Chef, des départemens d'Amiens & de Soissons, faits en l'année 1721. où tous les Ouvrages à faire sont amplement détaillés:

L'OPERATION DE LA RIVIERE D'OISE, monte à la somme de. . . . 1200000. l.

LE CANAL DE JONCTION à . . 2281800. l.

ET LES TRAVAUX DE LA SOMME, aussi à . . . . 2200000. l.

CE QUI COMPOSE EN TOUT . 5681800. l.

y compris toutes indemnités, cas imprévûs, & frais generalement quelconques.

Depuis que l'Edit a été obtenu portant la permiſſion & le privilége, de faire le Canal & Navigation de Picardie ; & en conſéquence du deuxiéme Article dudit Edit, les ſieurs *Oudart* & *Dumont* ci-devant Entrepreneurs du Canal de Loin, en Seine, ſe ſont transportés ſur les lieux, & ont levé de nouveaux plans & allignemens & pris les niveaux des Rivieres de *Somme* & d'*Oiſe*, & du terrain du Canal de jonction. Ils ſont deſtinés pour la conſtruction, & perfection des Ouvrages de cette entrepriſe ; & on a lieu d'eſperer d'eux un ſuccès auſſi favorable que celui du Canal de Loin.

SA MAJESTÉ a en outre accordé en faveur de cette entrepriſe, quatre mille hommes de ſes troupes pour travailler aux Ouvrages, à l'ouverture de la Campagne prochaine.

Permis d'imprimer le 22. Janvier 1728.
Signé HERAULT.

Regiſtré ſur le Livre de la Communauté des Libraires & Imprimeurs de Paris, N°. 1668. conformément aux Réglemens, & notamment à l'Arrêt de la Cour du Parlement du 3. Decembre 1705. A Paris le vingt-ſept Janvier 1728.

BRUNET, *Syndic.*

EDIT DU ROY,

Portant permission de faire une Navigation en Picardie par les Rivieres de Somme & d'Oise ; & Canal de communication desdites deux Rivieres.

Donné à Fontainebleau au mois de Septembre 1724.

Registré en Parlement le 7. Septembre 1725.

LOUIS par la grace de Dieu Roi de France & de Navarre : A tous presens & à venir, SALUT. Les differentes entreprises qui ont été faites jusqu'à present dans plusieurs Provinces de nôtre Roïaume, pour la construction des Canaux de communication d'une Riviere à une autre, ont été si avantageuses à nos Peuples, que Nous avons jugé que rien ne pouvoit être plus favorable à nos Sujets des Provinces de Flandres, de Hainault, d'Artois, de Picardie, du Soissonnois & autres, que de faire une pareille entreprise pour rendre la Riviere de Somme communicable avec celle d'Oise, par la facilité qu'ils auront de faire transporter toutes les marchandises dont ils font commerce à meilleur compte, que s'ils continuoient de les faire voiturer par charrois ; outre que par ce moïen les Fauxsaunniers n'auront plus les mêmes occasions de continuer leur commerce criminel. En effet, les sieurs Intendans & Commissaires departis dans les Provinces de Picardie, d'Artois & de la Generalité de Soissons, à qui ce projet avoit été communiqué pour donner leurs avis, Nous aïant assuré qu'une pareille entreprise ne pouvoit que procurer un bien considerable, non seulement aux habitans de leurs Départemens, mais encore à ceux des Provinces voisines. Ces considerations nous ont engagé à faire examiner en nôtre Conseil les offres qui nous ont été faites à ce sujet, par Paul-Henry Caignart sieur de Marcy, Doïen des Conseillers du Bailliage de Saint Quentin, & ses Associez, lesquelles aïant été trouvées raisonnables, Nous avons jugé à propos de les accepter ; en apportant néanmoins quelques restrictions ou modifications aux conditions qui y étoient inserées. A CES CAUSES, & autres à ce Nous mouvans, de l'avis de nôtre Conseil, & de nôtre certaine science, pleine puissance & autorité Roïale, Nous avons par nôtre present Edit perpetuel & irrévocable.

ARTICLE PREMIER. Permis & permettons au sieur de Marcy & à ses Associez, de faire construire à leurs frais & dépens, conformément à leurs offres, un Canal de communication de la Riviere de Somme à celle d'Oise, à commencer depuis l'Etang de la Ville de Saint-Quentin, passant par Harly, Homblieres, Marcy, Regny & Sissy sur Oise, jusqu'à la Ferre ; & d'élargir, curer & approfondir le bras de la Riviere d'Oise depuis Sissy jusqu'à Chaulny ; comme aussi de rendre la Riviere de Somme navigable depuis Saint-Quentin jusqu'à Amiens, & depuis Amiens jusqu'à Pecquiny, en faisant desseicher les marais dans lesquels cette Riviere se répand, & lui faisant un lit de quarante-cinq pieds avec des bords, levées & des écluses dans les endroits qui seront jugez necessaires.

II. Et pour cet effet, voulons que ledit ſieur de Marcy & ſes Aſſociez faſſent paſſer ledit Canal par les lieux qui ſeront déſignez par le plan qui en ſera dreſſé ; & que pour la perfection deſdits Ouvrages, ils puiſſent prendre les terres & heritages, abattre & démolir les maiſons & moulins qui ſe trouveront dans ledit alignement ; à condition par eux d'indemniſer les Proprietaires, au dire d'Experts, dont les Parties conviendront, ou qui ſeront nommez d'Office par les ſieurs Commiſſaires du Conſeil qui ſeront par Nous nommez pour l'execution du preſent Edit, leſquelles indemnitez ne pourront être exigées que ſix mois après que la liquidation en aura été faite : pendant lequel tems ſeront tenus leſdits Intereſſez, de faire publier par trois Dimanches conſécutifs aux Sieges & Paroiſſes où leſdits heritages ſont ſituez, qu'ils ſeront prêts de faire dans le tems fixé le païement deſdites indemnitez, & des interêts d'icelles ; & s'il ne ſe trouve à l'expiration d'icelui aucune oppoſition de la part des Créanciers des Proprietaires, ledit de Marcy & ſes Aſſociez, au moïen du païement qui ſera par eux fait auſdits Proprietaires, demeureront bien & valablement quittes & déchargez ; à la reſerve néanmoins de ce qui ſe trouvera dû à des Beneficiers pour raiſon des biens dépendans de leurs Benefices, ou à quelques Communautez Seculieres ou Regulieres, dont le principal ſera emploïé en acquiſitions d'autres heritages de pareille nature pour tenir lieu de remplacement de ceux dont ils auront été évincez, & ſeront tenus leſdits Intereſſez de leur païer les interêts qui en ſeront lors dûs & échûs ſur le pied du denier trente.

III. Leur permettons pareillement de prendre le long dudit Canal deux perches de terre de chaque côté pour le tirage des bâteaux ; comme auſſi de prendre les pierres, grais, terres propres à faire de la brique, & de détourner, ſi beſoin eſt, les eaux qu'ils jugeront neceſſaires pour la navigation dudit Canal pour les faire paſſer &

conduire par les endroits qu'ils jugeront les plus convenables, en dédommageant les Proprietaires, ainsi qu'il est expliqué ci-dessus.

IV. Seront tenus ledit sieur de Marcy & ses Associez de faire construire sur ledit Canal des Ponts où besoin sera, pour la facilité du commerce par terre, auquel effet ils pourront prendre les pierres & materiaux necessaires, en païant suivant ce qui sera ordonné par lesdits sieurs Commissaires.

V. Et comme en retirant les eaux de la Riviere de Somme qui se répandent dans les Marais voisins, ces Marais se trouveront desseichez, & seront d'un produit considerable, les Proprietaires seront tenus de païer audit sieur de Marcy & ses Associez, par forme de redevance quarante sols par an par fauchée, si mieux ils n'aiment leur abandonner en pleine proprieté la moitié desdits Marais, ce qu'ils seront tenus d'opter un mois après ledit desseichement, sinon l'option sera referée aux Interessez.

VI. Et attendu qu'il n'est pas possible que pour parvenir à la confection de tous lesdits Ouvrages, lesdits sieurs Interessez ne soient obligez à des dépenses considerables, leur permettons d'emprunter les fonds qui leur seront necessaires, & d'affecter pour sûreté desdits Emprunts tous leurs biens, meubles & immeubles, le fond & tréfond dudit Canal; ensemble le produit des droits qui leur seront attribuez.

VII. Voulons que ledit sieur de Marcy & ses Associez, leurs hoirs & aïans cause joüissent à perpetuité en pleine proprieté du fond dudit Canal & des deux perches de terre qui doivent servir au tirage le long d'icelui, pour les posseder à toûjours à titre de fief en francaleu noble, sans qu'il puisse y être imposé ci-après à nôtre profit, ou des Rois nos Successeurs, aucuns nouveaux droits generalement quelconques.

VIII. Déchargeons & affranchissons ledit Canal &

ſes dépendances de la mouvance, cenſive & juſtice des Seigneurs, en les dédommageant, ſi le cas y écheoit, ſuivant ce qui ſera reglé par leſdits ſieurs Commiſſaires.

IX. Les déchargeons pareillement du droit de franc-fief & de nouvel acquêt pour raiſon dudit Canal & ſes dépendances.

X. Attribuons audit ſieur de Marcy & à ſes Aſſociez, pour tous droits de marchandiſes qui ſeront voiturées ſur ledit Canal, ceux qui ſeront fixez par le tarif qui ſera ci-attaché ſous le contre-ſcel de nôtre Chancellerie; leur faiſons défenſes d'en exiger de plus forts, à peine de concuſſion; à l'effet de quoi voulons que ledit tarif ſoit affiché par tout où beſoin ſera.

XI. Leur attribuons pareillement le droit de travers dans les endroits où il y en a d'établis dans l'étenduë de leur entrepriſe, pour être par eux perçûs aux mêmes lieux & ſur le même pied qu'en ont joüi juſqu'à preſent les Proprietaires des bacs & paſſages, à la charge de les indemniſer ſuivant ce qui ſera reglé par leſdits ſieurs Commiſſaires de nôtre Conſeil.

XII. Et pour la perception deſdits droits & la conſervation des ouvrages qui ſeront faits pour la conſtruction dudit Canal, permettons auſdits Intereſſez d'établir le nombre de gardes qu'ils jugeront à propos, leſquels pourront être armez de piſtolets ſeulement, & mettre à execution tous les Mandemens, Ordonnances, Sentences & Arrêts concernans ladite navigation & la conſervation deſdits ouvrages.

XIII. Leur attribuons pareillement toute juſtice moïenne & baſſe, pour l'adminiſtration de laquelle voulons qu'ils puiſſent établir un Juge, un Lieutenant & un Procureur Fiſcal, pour connoître en premiere inſtance de tous les differends qui pourroient naître, tant en matiere civile, criminelle, que mixte, à cauſe des dégradations & délits qui pourront être commis ſur tous leſdits ouvrages & leurs dépendances, & de ceux qui pourront arriver ſur le fait de ladite navigation ; leſquels Juges pourront juger par proviſion, nonobſtant l'appel, & ſans préjudice d'icelui, juſqu'à la ſomme de vingt livres, & les appellations de ladite Juſtice ſeront relevées au Parlement de Paris.

XIV. Au ſurplus permettons audit ſieur de Marcy & à ſes Aſſociez de faire entrer dans le Royaume, ſans païer aucuns droits de nos Fermes, la quantité de quarante mille razieres de Charbon de terre, pour forger les fers qui ſeront employez à la conſtruction deſdits ouvrages.

XV. Leur permettons en outre de faire paſſer debout par notre bonne Ville de Paris, ſans païer aucuns droits les vins & eaux-de vie deſtinez pour être voiturez par les Rivieres d'Oiſe & de Somme ſeulement, & déchargez à Chaulni, la Ferre, & autres lieux de la Generalité de Soiſſons, en Picardie, dans le Boulonnois, l'Artois, la Flandre, le Hainault & le Cambreſis ; dérogeant pour ce regard ſeulement à l'art. IV. du titre VII. de notre Ordonnance de l'année 1680. & à l'art. III. de l'Edit du mois de Decembre 1686. en obſervant toutefois par leſdits Intereſſez les formalitez preſcrites par nos Ordonnances pour les acquits à caution, & autres précautions y mentionnées.

Si donnons en mandement à nos amez & feaux Conſeillers les gens tenans notre Cour de Parlement à Paris, que notre préſent Edit ils ayent à faire lire, publier & regiſtrer, même en tems de vacations, & le contenu en icelui garder & executer ſelon ſa forme & teneur, ceſſant & faiſant ceſſer tous troubles & empêchemens qui pourroient être mis, nonobſtant tous Edits, Declarations, & autres choſes à ce contraires, auſquelles nous avons derogé & derogeons par notre préſent Edit. Car tel eſt notre plaiſir : & afin que ce ſoit choſe ferme & ſtable à toûjours, nous y avons fait mettre notre ſcel. Donné à Fontainebleau au mois de Septembre, l'an de grace mil sept cent vingt-quatre & de notre regne le dixiéme. Signé, LOUIS. *Et plus bas*, par le Roy, PHELYPEAUX, *Visa*, FLEURIAU. Vû au Conseil, DODUN. Et scellé du grand sceau de cire verte, en lacs de soie rouge & verte.

Registrées, oüi le Procureur General du Roy, pour joüir par les impetrans de leur effet & contenu, & être executées selon leur forme & teneur, aux charges, clauses & conditions portées par l'Arrêt de ce jour. A Paris en Parlement le septiéme Septembre mil sept cent vingt-cinq. Signé, YSABEAU.

TARIFS

DES DROITS QUE LE ROY en son Conseil veut & ordonne être païez en execution de l'Edit du mois de Septembre 1724. pour les Marchandises & Denrées qui seront voiturées par eau depuis S. Vallery jusqu'à La Ferre, & depuis La Ferre jusqu'à S. Vallery.

SÇAVOIR.

PREMIER TARIF,

depuis Abbeville jusqu'à Amiens.

A

Acier, le cent pesant, 3. s.
Alun, le cent pesant 3. s.
Avoine, muid de Paris, 5. s.
Ardoise, le millier, 3. s.
Aricots au muid de Paris, 5. s.

B

Beurre, le cent pesant, 3. s.
Bled, muid de Paris, 5. s.
Bois de teinture, le cent, 3. s.
Bois à bâtir, le cent de solives, 1. l.
Bois à brûler, la corde, 4. s.
Bois Merain, le millier, 6. s.
Bouteilles de terre & de verre, au cent de compte, 1. s.
Briques, le millier, 4. s.

C

Cendres, le cent pesant, 2. s.
Chanvre, le cent pesant, 2. s.
Charbon de bois, le sac, 3. s.
Charbon de terre au baril pesant trois cens, 3. s.
Cidre, le muid, 10. s.
Cloux, le cent pesant, 2. s.
Cordage & Fiscelle, le cent pesant, 2. s.
Cuirs de toutes especes, le cent pesant, 3. s.

Draperies

D

Draperies & autres étoffes, le cent pesant, 4. s.
Drogueries pour les Apotiquaires, le cent pesant, 4. s.

E

Eau-de-vie, la pipe, 5. s.
Etain, le cent pesant, 3. s.
Ecorce de chêne, le cent pesant, 2. s.
Epiceries, le cent pesant, 3. s.

F

Fagots, le millier, 3. s. 6.d.
Fers de toutes especes, le cent pesant, 3. s.
Fil de Chanvre & Lin, le cent pesant, 4. s.
Foin, le cent de dix livres pesant, 4. s.
Fromage, le cent pesant, 3. s.
Féves au muid de Paris, 5. s.
Farine, au sac de deux cens livres, 1. s.

G

Glaces de miroirs, au cent pesant, 4. s.
Graines de Lin, Navette, Colzas, Moutarde & autres pour le Jardinage, le cent pesant, 4. s.
Grais, même pour les Entrepreneurs de Fortifications, au cent de compte, 2. s.

H

Harans, le legs composé de douze barils, de vingt-quatre & demi, ou de quarante-huit un quart, 12. s.
Huiles de toutes sortes au cent pesant, 3. s.
Houblon, le cent pesant, 3. s.

I

Indigo, le cent pesant, 6. s.
Jambon, le cent pesant, 5. s.

L

Laine, le cent pesant, 4. s.
Lard, le cent pesant, 2. s.
Lattes à bâtir, le milier, 5. s.
Lin, le cent pesant, 3. s.
Livres reliez ou non reliez, au cent pesant, 4. s.

M

Miel, le cent pesant, 4. s.
Moruë en tonne, le cent pesant, 2. s.
Moruë au cent de poignée, 6. s.
Mercerie au cent pesant, 4. s.

O

Olives au cent pesant, 4. s.
Orge, le muid de Paris, 5. s.

P

Papier & Parchemin, le cent pesant, 4. s.
Peaux & Pelleterie, le cent pesant, 6. s.
Porcelaines, Fayances, le cent pesant, 6. s.

Paille au cent de bottes, 6. d.
Pierre à Bâtir le cent de pieds en quarré, 1. ſ.
Plâtre au muid de Paris, 6. d.
Plomb au cent peſant, 1. ſ.
Pois au muid, 1. ſ.
Plume à faire lit, au cent peſant, 2. ſ.
Poiſſons d'eau-douce, chaque Bâteau, 10. ſ.

Q

Quinquaillerie, le cent peſant, 2. ſ.

S

Sabots, le cent de paires, 2. ſ.
Saumons en tonne, le cent peſant, 2. ſ.
Savon, le cent peſant, 2. ſ.
Sucre, le cent peſant, 2. ſ.
Suif & Chandelle, le cent peſant, 2. ſ.
Sel au muid, 1. l. 4. ſ.
Seigle, le muid de Paris, 5. ſ.

T

Tapiſſerie, le cent peſant, 4. ſ.
Tabac, le cent peſant, 4. ſ.
Thuilles, le millier, 2. ſ.
Toille, le cent peſant, 4. ſ.
Tourbe à la Charetée, 2. ſ.

V

Verre à Vitrer & autres, le cent peſant, 4. ſ.
Vin, piece jauge de Laon, 1. l. 4. ſ.
Vin de Champagne, la queue, 1. l. 4. ſ.
Vin de Bourgogne, le muid, 10. ſ.
Vin de Soiſſons, le muid, 7. ſ. 6. d.
Vins des environs de Paris, le muid, 10. ſ.
Verjus & Vinaigre reduits au muid, 7. ſ. 6. d.

DEUXIE'ME TARIF,

depuis Abbeville juſqu'à Corbie.

A

ACier, le cent peſant, 4. ſ.
Alun, le cent peſant, 4. ſ.
Avoine, le muid de Paris, 6. ſ.
Ardoiſe, le millier, 4. ſ.
Aricots au muid de Paris, 6. ſ.

B

Beurre, le cent peſant, 4. ſ.
Bled, le muid de Paris, 6. ſ.
Bois de teinture le cent, 4. ſ.
Bois à bâtir, le cent de ſolives, 1. l. 10. ſ.
Bois à brûler, la corde, 5. ſ. 6. d.
Bois Merain, le millier, 7. ſ. 6. d.
Bouteilles de terre & de verre, au cent de compte, 1. ſ. 6. d.
Brique, le millier, 5. ſ. 6. d.

C

Cendre, le cent peſant, 3. ſ.

Chanvre, le cent pesant, 3. s.
Charbon de bois, le sac, 4. s.
Charbon de terre, au baril pesant trois cens, 4. s.
Cidre, le muid, 12. s.
Clouds, le cent pesant, 3. s.
Cordage & ficelle, le cent pesant, 3. s.
Cuirs de toutes especes, le cent pesant, 4. s.

D

Draperies, & autres étoffes, le cent pesant, 5. s.
Drogueries pour les Apotiquaires, le cent pesant, 5. s.

E

Eau-de vie, la pipe, 7. s. 6. d.
Etain, le cent pesant, 4. s.
Ecorces de chênes, le cent pesant, 3. s.
Epiceries, le cent pesant 4. s.

F

Fagots, le millier, 5. s.
Fers de toutes especes, le cent pesant, 4. s.
Fil de Chanvre & Lin, le cent pesant, 5. s.
Foin, le cent de dix livres pesant, 5. s.
Fromages, le cent pesant, 4. s.
Féves au muid de Paris, 6. s.
Farines au sac de deux cens livres 1. s. 6. d

G

Glaces de miroirs au cent pesant, 5. s.
Graines de Lin, Navette, Colzas, Moutarde, & autres pour le jardinage, le cent pesant. 5. s.
Grais, même pour les Entrepreneurs des Fortifications, au cent de compte, 3. s.

H

Harangs, le legs composé de douze barils de vingt-quatre & demi, ou de quarante-huit un quart, 16. s.
Huiles de toutes sortes au cent pesant, 4. s.
Houblon, le cent pesant, 4. s.

I

Indigo, le cent pesant 8. s.
Jambons, le cent pesant, 6. s. 6. d.

L

Laine, le cent pesant, 5. s.
Lard, le cent pesant 3. s.
Lattes à bâtir, le millier, 6. s.
Lin, le cent pesant, 4. s.
Livres reliez ou non reliez le cent pesant, 5. s.

M

Miel, le cent pesant, 5. s.
Moruë en tonne au cent pesant, 3. s.
Moruë au cent de poignée, 8. s.
Mercerie au cent pesant, 5. s.

O

Olives au cent pesant, 5. s.

Orges, le muid de Paris, 6. ſ. 6. d.

P

Papier & parchemin, le cent peſant, 5. ſ.
Peaux & pelleteries, le cent peſant, 9. ſ.
Porcelaines, fayances, le cent peſant, 9. ſ.
Paille au cent de bottes, 1. ſ.
Pierres à bâtir, le cent de pieds en quarré, 1. ſ. 6. d.
Plâtre au muid de Paris, 1. ſ.
Plomb au cent peſant, 1. ſ. 6. d.
Pois, au muid, 1. ſ. 6. d.
Plumes à faire lit, au cent peſant, 3. ſ.
Poiſſons d'eau-douce, chaque bâteau, 15. ſ.

Q

Quinquaillerie, le cent peſant, 3. ſ.

S

Sabots, le cent de paire, 3. ſ. 6. d.
Saumons en tonne, le cent peſant, 3. ſ. 6. d.
Savon, le cent peſant, 3. ſ. 6. d.
Sucre, le cent peſant, 3. ſ. 6. d.
Suif & chandelle, le cent peſant, 3. ſ. 6. d.
Sel au muid, 1. l. 16. ſ.
Seigle, le muid de Paris, 6. ſ.

T

Tapiſſeries, le cent peſant, 5. ſ.
Tabac, le cent peſant, 5. ſ.
Thuilles le millier, 3. ſ. 6. d.
Toilles, le cent peſant, 5. ſ.
Tourbes à la charretée 2. ſ. 6. d.

V

Verre à vitrer & autres, le cent peſant, 5. ſ.
Vin, piece jauge de Laon, 1. l. 16. ſ.
Vin de Champagne, la queuë, 1. l. 16. ſ.
Vin de Bourgogne, le muid 15. ſ.
Vin de Soiſſons, le muid, 10. ſ.
Vin des environs de Paris, le muid, 15. ſ.
Verjus & vinaigre reduits au muid, 10. ſ.

TROISIE'ME TARIF,

depuis Abbeville juſqu'à Peronne.

A

Acier le cent peſant, 5. ſ. 6. d.
Alun le cent peſant, 5. ſ. 6. d.
Avoine le muid de Paris, 8. ſ.
Ardoiſe le millier, 5. ſ. 6. d.
Aricots au muid de Paris, 8. ſ.

B

Beurre le cent peſant, 5. ſ. 6. d.
Bled le muid de Paris, 8. ſ.

Bois de teinture le cent, 5. ſ. 6.d.
Bois à bâtir le cent de ſolives, 2. l. 10. ſ.
Bois à brûler la Corde, 7. ſ.
Bois merain le millier, 10. ſ.
Bouteilles de terre & de verre au cent de compte, 2. ſ.
Brique le millier, 7. ſ.

C

Cendres le cent peſant, 5. ſ.
Chanvre le cent peſant, 5. ſ.
Charbon de bois le ſac, 5. ſ. 6.d.
Charbon de terre au baril peſant trois cens, 5. ſ. 6.d.
Cidre le muid, 16. ſ.
Clouds le cent peſant, 5. ſ.
Cordage Fiſcelle le cent peſant, 5. ſ.
Cuirs de toutes eſpeces le cent peſant, 5. ſ. 6.d.

D

Draperies & autres étoffes le cent peſant, 7. ſ.
Drogueries pour les Apotiquaires le cent peſant, 7. ſ.

E

Eau de vie la pipe, 10. ſ.
Etain le cent peſant, 5. ſ. 6.d.
Ecorces de cheſnes le cent peſant, 5. ſ.
Epiceries le cent peſant, 5. ſ. 6.d.

F

Fagots le millier, 7. ſ. 6.d.
Fers de toutes eſpeces le cent peſant, 5. ſ. 6.d.
Fil de chanvre & de lin le cent peſant, 7. ſ.
Foin le cent de dix livres peſant, 7. ſ.
Fromages le cent peſant, 5. ſ. 6.d.
Féves au muid de Paris, 8. ſ.
Farines au ſac de deux cens livres, 2. ſ. 6.d.

G

Glaces de miroirs au cent peſant, 7. ſ.
Graines de Lin, Navette, Colzas, Moutarde & autres pour le jardinage, le cent peſant, 7. ſ.
Grais, même pour les Entrepreneurs des Fortifications, au cent de compte, 5. ſ. 6.d.

H

Harangs le legs composé de douze barils, vingt-quatre & demi, ou de quarante-huit un quart, 1. l. 4. ſ.
Huiles de toutes ſortes au cent peſant, 5. ſ.
Houblons le cent peſant, 5. ſ. 6.d.

I

Indigo le cent peſant, 12. ſ.
Jambons le cent peſant, 9. ſ.

L

Laines le cent peſant, 7. ſ.
Lard le cent peſant, 5. ſ.
Lattes à bâtir le millier, 9. ſ.
Lin le cent peſant, 7. ſ.

Livres reliez ou non reliez au cent pesant, 7. s.

M

Miel le cent pesant, 7. s.
Moruë en tonne au cent pesant, 5. s.
Moruë au cent de poignée, 12. s.
Mercerie au cent pesant, 7. s.

O

Olives au cent pesant, 7. s.
Orges le muid de Paris, 9. s.

P

Papier & Parchemin le cent pesant, 7. s.
Peaux & Pelleteries le cent pesant, 15. s.
Porcelaines, Fayances le cent pesant, 15. s.
Paille au cent de bottes, 2. s.
Pierre à bâtir le cent de pieds en quarré, 2. s. 6. d.
Plastre au muid de Paris, 2. s.
Plomb au cent pesant, 2. s. 6. d.
Pois au muid, 2. s. 6. d.
Plumes à faire lit au cent pesant, 4. s. 6. d.
Poisson d'eau douce chaque bâteau, 1. l. 5. s.

Q

Quinquaillerie le cent pesant, 5. s.

S

Sabots le cent de paire, 4. s. 6. d.
Saumons en tonne le cent pesant, 4. s. 6. d.
Savons le cent pesant, 4. s. 6. d.
Sucre le cent pesant, 4. s. 6. d.
Suif & Chandelle le cent pesant, 4. s. 6. d.
Sel au muid, 3. l.
Seigle le muid de Paris, 8. s. 6. d.

T

Tapisserie le cent pesant, 7. s.
Tabac le cent pesant, 7. s.
Thuilles le millier, 4. s. 6. d.
Toilles le cent pesant, 7. s.
Tourbes à la charretée, 3. s. 6. d.

V

Verre à vitrer & autres le cent pesant, 7. s.
Vin piece jauge de Laon, 3. l.
Vin de Champagne la queuë, 3. l.
Vin de Bourgogne le muid, 1. l. 5. s.
Vin de Soissons le muid, 17. s.
Vin des environs de Paris, 1. l. 5. s.
Verjus & Vinaigre réduits au muid, 17. s.

QUATRIE'ME TARIF,

depuis Abbeville jusqu'à Ham.

A

ACier, le cent pesant, 6. s.
Alun, le cent pesant, 6. s.
Avoine le muid de Paris, 9. s.
Ardoise le millier, 6. s.
Aricots au muid de Paris, 9. s.

B

Beurre, le cent pesant, 6. s.
Bled le muid de Paris, 9. s.
Bois de teinture le cent pesant, 6. s.
Bois à bâtir le cent de solives, 3. l.
Bois à brûler la corde, 8. s.
Bois merain le millier 11. s. 6. d.
Bouteilles de terre & de verre, au cent de compte, 3. s.
Briques le millier, 8. s.

C

Cendre le cent pesant, 6. s.
Chanvre le cent pesant, 6. s.
Charbon de Bois le sac, 6. s.
Charbon de terre au Baril pesant trois cens livres, 6. s.
Cidre le muid, 1. l.
Cloux le cent pesant, 6. s.
Cordage & Ficelle le cent pesant, 6. s.
Cuirs de toutes especes, le cent pesant, 6. s.

D

Draperies & autres Etoffes le cent pesant, 8. s.
Drogueries pour les Apotiquaires le cent pesant, 8. s.

E

Eau-de-vie la Pipe, 12. s. 6. d.
Etain le cent pesant, 6. s.
Ecorces de Chênes le cent pesant, 6. s.
Epiceries le cent pesant, 6. s.

F

Fagots le millier, 10. s.
Fers de toutes especes le cent pesant, 6. s.
Fil de Chanvre & Lin le cent pesant, 8. s.
Foin le cent de dix livres pesant, 8. s.
Fromages le cent pesant, 6. s.
Féves au muid de Paris, 9. s.
Farines au sac de deux cens livres, 3. s.

G

Glaces de miroirs au cent pesant, 8. s.
Graine de Lin, Navette, Colzas, Moutarde & autres pour le Jardinage le cent pesant, 8. s.
Grais, même pour les Entrepreneurs de Fortifications, au cent de compte, 6. s.

H

Harangs le legs composé de douze barils de vingt-quatre & demi, ou de quarante-huit un quart, 1. l. 10. s.
Huiles de toutes sortes au cent pesant, 6. s.
Houblon le cent pesant, 6. s.

I

Indigo le cent pesant, 15. s.
Jambons le cent pesant, 11. s. 6. d.

L

Laine le cent pesant, 8. s.
Lard le cent pesant, 6. s.
Lattes à bâtir le millier, 11. s. 6. d.
Lin le cent pesant, 8. s.
Livres reliez ou non reliez au cent pesant, 8. s.

M

Miel le cent pesant, 9. s.
Moruë en tonne le cent pesant, 6. s.
Moruë au cent de poignée, 15. s.
Mercerie au cent pesant, 8. s.

O

Olives au cent pesant, 8. s.
Orge le muid de Paris, 11. s. 6. d.

P

Papier & parchemin le cent pesant, 8. s.
Peaux & Pelleteries le cent pesant, 18. s.
Porcelaines, Fayances le cent pesant, 18. s.
Paille au cent de bottes, 2. s. 6. d.
Pierres à bâtir, le cent de pieds en quarré, 3. s.
Plâtre au muid de Paris, 2. s. 6. d.
Plomb au cent pesant, 3. s.
Pois au muid, 3. s.
Plumes à faire lit, au cent pesant, 5. s. 6. d.
Poisson d'eau-douce chaque Bâteau, 1. l. 10. s.

Q

Quinquaillerie le cent pesant, 6. s.

S

Sabots le cent de paire, 5. s.
Saumons en tonne le cent pesant, 5. s.
Savon le cent pesant, 5. s.
Sucre le cent pesant, 5. s.
~~Suif & Chandelle le cent pesant,~~ 5. s.
Sel au muid, 3. l. 12. s.
Seigle le muid de Paris, 10. s.

T

Tapisseries le cent pesant, 8. s.
Tabac le cent pesant, 8. s.
Thuilles le millier, 5. s.
Toilles le cent pesant, 8. s.
Tourbes à la charetée, 4. s.

V

Verre à vitrer & autres, le cent pesant, 8. s.

Vin,

Vin, piece jauge de Laon, 3. l. 12. ſ.
Vin de Champagne la queuë, 3. l. 12. ſ.
Vin de Bourgogne le muids, 1. l. 10. ſ.
Vin de Soiſſons le muids, 1. l.
Vin des environs de Paris, le muids, 1. l. 10. ſ.
Verjus & Vinaigre réduit au muids, 1. l.

CINQUIEME TARIF,

Depuis Abbeville juſqu'à S. Quentin.

A

ACier, le cent peſant, 7. ſ.
Alun, le cent peſant, 7. ſ.
Avoine, muid de Paris, 10. ſ.
Ardoiſe, le millier, 7. ſ.
Aricots au muid de Paris, 10. ſ.

B

Beurre, le cent peſant, 7. ſ.
Bled muid de Paris, 10. ſ.
Bois de teinture, le cent, 9. ſ.
Bois à bâtir, le cent de ſolives, 3. l. 10. ſ.
Bois à brûler, la corde, 9. ſ.
Bois merain, le millier, 13. ſ.
Bouteilles de terre & de verre, au cent de compte, 3. ſ. 6. d.
Briques, le millier, 9. ſ.

C

Cendre, le cent peſant, 7. ſ.
Chanvre, le cent peſant, 7. ſ.
Charbon de bois, le ſac, 7. ſ.
Charbon de terre, au baril peſant trois cens, 7. ſ.
Cidre le muid, 1. l. 4. ſ.
Clouds, le cent peſant, 7. ſ.
Cordage & ficelle le cent peſant, 7. ſ.
Cuirs de toutes eſpeces, le cent peſant, 7. ſ.

D

Draperies & autres étoffes le cent peſant, 9. ſ.
Drogueries pour les Apotiquaires, le cent peſant, 9. ſ.

E

Eau-de-vie, la pipe, 15. ſ.
Etain le cent peſant, 7. ſ.
Ecorces de chênes, le cent peſant, 7. ſ.
Epiceries, le cent peſant, 7. ſ.

F

Fagots, le millier, 12. ſ.
Fers de toutes eſpeces, le cent peſant, 7. ſ.
Fil de Chanvre & lin, le cent peſant, 9. ſ.
Foin, le cent de dix livres peſant, 9. ſ.
Fromages, le cent peſant, 7. ſ.

Féves au muid de Paris, 10. ſ.
Farines au ſac de deux cens livres, 3. ſ. 6. d.

G

Glaces de miroirs au cent peſant, 9. ſ.
Graines de Lin, Navette, Colzas, Moutarde, & autres pour le Jardinage, le cent peſant, 9. ſ.
Grais, même pour les Entrepreneurs des Fortifications, au cent de compte, 7. ſ.

H

Harangs, le legs composé de douze barils de vingt-quatre & demi, ou de quarante-huit au quart, 1. l. 16. ſ.

I

Indigo, le cent peſant, 18. ſ.
Jambons le cent peſant, 14. ſ. 6. d.

L

Laine le cent peſant, 9. ſ.
Lard le cent peſant, 7. ſ.
Lattes à bâtir, le millier, 14. ſ.
Lin le cent peſant, 9. ſ.
Livres reliez ou non reliez, le cent peſant, 9. ſ.

M

Miel le cent peſant, 10. ſ.
Moruë en tonne, au cent peſant, 7. ſ.
Moruë au cent de poignée, 18. ſ.
Mercerie au cent peſant, 9. ſ.

O

Olives au cent peſant, 9. ſ.
Orges le muid de Paris, 14. ſ.

P

Papier & parchemin le cent peſant, 9. ſ.
Peau & pelleteries le cent peſant, 1. l. 16. ſ.
Porcelaines, fayances le cent peſant, 1. l. 1. ſ.
Paille au cent de bottes, 3. ſ.
Pierres à bâtir, le cent de pieds en quarré, 3. ſ. 6. d.
Plâtre au muid de Paris. 3. ſ.
Plomb au cent peſant, 3. ſ. 6. d.
Pois au muid, 3. ſ. 6. d.
Plumes à faire lit au cent peſant, 6. ſ. 6. d.
Poiſſons d'eau douce, chaque bâteau, 1. l. 15. ſ.

Q

Quinquaillerie le cent peſant, 7. ſ.

S

Sabots le cent de paire, 6. ſ. 6. d.
Saumons en tonne, le cent peſant, 6. ſ. 6. d.
Savon le cent peſant, 6. ſ. 6. d.
Sucre le cent peſant, 6. ſ. 6. d.
Suif & chandelle le cent peſant, 6. ſ. 6. d.
Sel au muid, 4. l. 4. ſ.
Seigle le muid de Paris, 12. ſ. 6. d.

T

Tapisseries le cent pesant, 9. s.
Tabac, le cent pesant, 9. s.
Thuilles le millier, 5. s. 6. d.
Toilles le cent pesant, 9. s.
Tourbes à la charetée, 4. s. 6. d.

V

Verre à vitrer & autres, le cent pesant, 9. s.
Vin, piece jauge de Laon, 4. l. 4. s.
Vin de Champagne, la queuë, 4. l. 4. s.
Vin de Bourgogne, le muid, 2. l.
Vin de Soissons, le muid, 1. l. 5. s.
Vin des environs de Paris, le muid, 1. l. 15. s.
Verjus & vinaigre reduits au muid, 1. l. 3. s. 6. d.

SIXIEME TARIF,

depuis Abbeville jusqu'à la Ferre.

A

Acier le cent pesant, 9. s.
Alun, le cent pesant, 9. s.
Avoine le muid de Paris, 12. s.
Ardoise le millier, 9. s.
Aricots au muid de Paris, 12. s.

B

Beurre le cent pesant, 9. s.
Bled le muid de Paris, 12. s.
Bois de teinture le cent, 9. s.
Bois à bâtir, le cent de solives, 4. l. 10. s.
Bois à brûler, la corde, 11. s.
Bois Merain le millier, 18. s.
Bouteilles de terre & de verre, au cent de compte, 4. s. 6. d.
Briques, le millier, 11. s.

C

Cendre le cent pesant, 9. s.
Chanvre le cent pesant, 9. s.
Charbon de bois, le sac, 9. s.
Charbon de terre au baril pesant trois cens, 9. s.
Cidre le muid, 1. l. 10. s.
Clouds le cent pesant, 9. s.
Cordage & ficelle le cent pesant, 9. s.
Cuirs de toutes especes, le cent pesant, 9. s.

D

Draperies & autres étoffes, le cent pesant, 11. s.
Drogueries pour les Apotiquaires, le cent pesant 11. s.

E

Eau-de-vie la pipe, 1. l.
Etain le cent pesant, 9. s.
Ecorces de chênes, le cent pesant, 9. s.
Epiceries le cent pesant, 9. s.

F

Fagots le millier, 15. ſ.
Fers de toutes eſpeces, le cent peſant, 9. ſ.
Fil de chanvre & lin, le cent peſant, 11. ſ.
Foin, le cent de dix livres peſant, 11. ſ.
Fromages le cent peſant, 9. ſ.
Féves au muid de Paris, 12. ſ.
Farines au ſac de deux cens livres, 4. ſ. 6.d.

G

Glaces de miroirs au cent peſant, 11. ſ.
Graines de Lin, Navette, Colzas, Moutarde & autres pour le jardinage, le cent peſant, 11. ſ.
Grais, même pour les Entrepreneurs des Fortifications, au cent de compte, 9. ſ.

H

Harangs, le legs composé de douze barils, vingt-quatre & demi, ou quarante-huit au quart, 2. l.
Huiles de toutes ſortes, au cent peſant, 9. ſ.
Houblons le cent peſant, 9. ſ.

Indigo le cent peſant, 1. l. 4. ſ.
Jambons le cent peſant, 18. ſ. 6. d.

L

Laines le cent peſant, 11. ſ.
Lard le cent peſant, 9. ſ.
Lattes à bâtir, le millier, 18. ſ.
Lin le cent peſant, 11. ſ.
Livres reliez ou non reliez au cent peſant, 11. ſ.

M

Miel le cent peſant, 13. ſ.
Moruë en tonne au cent peſant, 9. ſ.
Moruë au cent de poignée, 1. l. 4. ſ.
Mercerie au cent peſant, 11. ſ.

O

Olives au cent peſant, 11. ſ.
Orges le muid de Paris, 18. ſ. 6. d.

P

Papier & Parchemin au cent peſant, 11. ſ.
Peaux & Pelleteries le cent peſant, 1. l. 7. ſ.
Porcelaines, Fayances le cent peſant, 1. l. 7. ſ.
Paille au cent de bottes, 5. ſ.
Pierre à bâtir le cent de pieds en quarré, 4. ſ. 6 d.
Plâtre au muid de Paris, 5. ſ.
Plomb au cent peſant, 4. ſ. 6. d.
Pois au muid, 5. ſ.
Plumes à faire lit au cent peſant, 8. ſ.
Poiſſons d'eau douce chaque bâteau, 3. l. 5. ſ.

Q

Quinquaillerie le cent pesant, 9. s.

S

Sabots le cent de paire, 8. s.
Saumons en tonne, le cent pesant, 8. s.
Savons le cent pesant, 8. s.
Sucre le cent pesant, 8. s.
Suif & chandelle, le cent pesant, 8. s.
Sel au muid, 5. l. 8. s.
Seigle le muid de Paris, 15. s.

T

Tapisserie le cent pesant, 11. s.
Tabac le cent pesant. 11. s.
Thuilles le millier, 8. s.
Toilles le cent pesant, 11. s.
Tourbes à la charretée, 6. s.

V

Verre à vitrer & autres, le cent pesant, 11. s.
Vin piece jauge de Laon 5. l. 8. s.
Vin de Champagne la queue, 5. l. 8. s.
Vin de Bourgogne le muid, 3. l.
Vin de Soissons le muid, 2. l.
Vin des environs de Paris, 2. l. 10. s.
Verjus & vinaigre reduits au muid, 1. l. 10. s.

Ordonne sa Majesté que pour lesdites Marchandises qui seront voiturées depuis la Ferre jusqu'à Abbeville, il sera payé les droits fixez & reglez par le Tarif ci-dessus : Sçavoir, de La Ferre à S. Quentin, comme d'Abbeville à Amiens ; de la Ferre à Ham, comme d'Abbeville à Corbie ; de la Ferre à Peronne, comme d'Abbeville à Peronne ; de la Ferre à Corbie, comme d'Abbeville à Ham ; de la Ferre à Amiens, comme d'Abbeville à S. Quentin ; & de la Ferre à Abbeville, comme d'Abbeville à la Ferre.

Qu'outre les droits ci-dessus marquez chaque bâteau payera à chaque Ecluse vingt sols.

Que tout ce qui ne se trouvera pas expliqué au present Tarif, & qui se trouvera par eau, payera au cent pesant à proportion des autres Marchandises.

Les Entrepreneurs de la voiture des sels qui se transporteront par Eau depuis S. Vallery jusqu'à la Ferre, & depuis la Ferre jusqu'à S. Vallery, payeront les droits reglez par les Tarifs ci-dessus.

Veut Sa Majesté qu'il ne soit payé aucuns droits pour les munitions de bouche & de guerre, qui se voitureront par eau pour le Service de Sa Majesté, depuis S. Vallery jusqu'à La Ferre, & depuis La Ferre jusqu'à S. Vallery par les lieux ci-dessus exprimez.

FAIT & arrêté au Conseil Royal des Finances tenu à Fontainebleau le dix-neuf Septembre mil sept cent vingt-quatre.

Signé, PHELYPEAUX.

ARREST DU CONSEIL D'ESTAT DU ROY,

QUI nomme les Commissaires pour l'execution de l'Edit du mois de Septembre 1724. portant permission de faire une Navigation en Picardie par les Rivieres de Somme & d'Oise, & Canal de communication desdites deux Rivieres.

Du onze Septembre 1725.

Extrait des Registres du Conseil d'Etat.

LE ROY s'étant fait representer l'Edit du mois de Septembre mil sept cent vingt-quatre, par lequel Sa Majesté, pour les causes y contenuës, a accordé au Sr Marcy & ses Associés, leurs hoirs & ayans cause, la permission de faire construire un Canal de communication de la Riviere de Somme à celle d'Oise, & de rendre lesdites deux Rivieres navigables, depuis l'Etang de la ville de S. Quentin jusqu'à la Ferre, a permis audit Marcy & ses Associés, de prendre les terres & heritages, abattre & démolir les maisons & moulins qui se trouveront dans l'alignement dudit Canal, à condition par eux d'indemniser les proprietaires au dire d'Experts, dont les parties conviendront, ou qui seront nommés d'Office par les Srs Commissaires qui seront nommés par Sa Majesté pour l'execution dudit Edit : & étant necessaire de nommer lesd. Commissaires. OUY le Rapport du Sieur DODUN, Conseiller ordinaire au Conseil Royal, Contrôleur General des Finances. SA MAJESTE' ESTANT EN SON CONSEIL, a nommé & nomme les Srs Intendans de Picardie & du Soissonnois, & le Sr de Valles, Ancien Grand Maître des Eaux & Forêts du Haynault, Commissaires pour l'execution dudit Edit pendant le cours des Ouvrages à faire pour la construction dudit Canal jusqu'à leur perfection : pour par ledit Sr De Valles instruire sur toutes les difficultés & contestations qui se presenteront, tant pour ladite construction dudit Canal, établissement des droits, que liquidation desdites indemnités qui pourront être pretenduës par les proprietaires des heritages qui seront compris dans les ouvrages dudit Canal, sur l'estimation des Experts, qui seront convenus par les parties, ou nommés d'office par lesdits Srs Intendans ; & sur son rapport être lesdites contestations reglées, & les liquidations & indemnités faites en dernier ressort par lesdits Srs Intendans, chacun dans son Département. Enjoint Sa Majesté ausdits Srs Intendans & audit Sr De Valles, de tenir la main à l'execution du present Arrêt, nonobstant oppositions ou empêchemens quelconques, pour lesquels ne sera differé. FAIT au Conseil d'Etat du Roi, Sa Majesté y étant, tenu à Fontainebleau le onze Septembre mil sept cent vingt-cinq. *Signé*, PHELYPEAUX.

LOUIS par la grace de Dieu, Roi de France & de Navarre : A nôtre amé & feal Conseiller en nos Conseils, le Sr Intendant & Commissaire départi pour l'execution de nos ordres dans la Generalité de Soissons, SALUT. Nous vous mandons & enjoignons, par ces Presentes signées de Nous, de tenir la main à l'execution de l'Arrêt cy-attaché sous le contre-Scel de nôtre Chancellerie, ce jourd'hui donné en nôtre Conseil d'Etat, Nous y étant, pour les causes y contenuës ; Commandons au premier nôtre Huissier ou Sergent sur ce requis de signifier ledit Arrêt à tous qu'il appartiendra, & de faire en outre pour son entiere execution, tous Actes & Exploits necessaires sans autre permission, nonobstant oppositions ou empêchemens quelconques. Voulons qu'aux Copies dudit Arrêt & des Présentes, collationnées par l'un de nos amés & feaux Conseillers Secretaires, foi soit ajoûtée comme aux Originaux : CAR tel est nôtre plaisir. DONNE' à Fontainebleau le onziéme jour du mois de Septembre, l'an de grace mil sept cent vingt-cinq ; & de nôtre Regne le onziéme. Signé, LOUIS. *Et plus bas* : Par le Roi, PHELYPEAUX. Et scellé.

TRAITE'.

PARDEVANT LES CONSEILLERS DU ROY, Notaires au Châtelet de Paris, soussignés ; FURENT présens *Me. Paul-Henry Caignart*, Sieur *de Marcy*, Doïen des Conseillers du Baillage de Saint Quentin, étant de présent à Paris logé ruë du Haut-Moulin, Paroisse de la Madeleine en la Cité, d'une part.

ET *Messire Antoine Crozat*, Commandeur des ordres de SA MAJESTE', demeurant Place de Loüis le Grand, Paroisse Saint Roch : *Hervé Guillaume le Normand*, Ecuïer, Trésorier Général des Monnoïes de France, demeurant à Paris, ruë & Hôtel de la Monnoïe, Paroisse Saint Germain l'Auxerrois : *M. Jean de Bourassé*, Général des vivres de la Marine, demeurant ruë du Hazard, Paroisse Saint Roch ; *Mre. Charles Gabriel Bory*, Chevalier, Conseiller du Roi en ses Conseils, Grand-Maître des Eaux & Forêts de France, au Département d'Orleans, demeurant ruë des Saints-Peres, Paroisse Saint Sulpice : *Loüis Montmerqué de Cirmont*, Ecuïer, demeurant ruë Thevenot, Paroisse Saint Sauveur : *Charles de Riencourt*, Ecuïer, Avocat au Parlement, demeurant ruë du Roi de Sicile, Paroisse Saint Paul : *Claude Ni-*

colas

colas Blampin de Sormeray, Ecuïer, Conseiller Secretaire du Roi, Maison Couronne de France & de ses Finances, demeurant ruë du Grand-Chantier, Paroisse Saint Jean en Gréve, tant en son nom, que se faisant fort de *M. Pierre Durey d'Harnoncourt*, Receveur Général des Finances de Franche-Comté, par lequel il fera ratifier ces Presentes: *M. Pierre Berlan du Massu*, Receveur des Tailles d'Argentan, demeurant Vieille ruë du Temple, Paroisse S. Paul: *M. Matthieu Renard du Tasta*, Conseiller du Roi, Directeur, Trésorier particulier de la Monnoïe de Paris, y demeurant, ruë & Hôtel de la Monnoïe, Paroisse Saint Germain l'Auxerrois:& *Sieur Joseph de Verac*, interessé dans les affaires du Roi, demeurant ruë de Richelieu, Paroisse Saint Roch, d'autre part.

Lesquels ont dit; sçavoir, ledit Sr *de Marcy*, que par Edit de Septembre 1724. registré au Parlement le 7. Septembre 1725. Sa Majeste' lui auroit accordé le Privilege, & permission de faire un Canal en Picardie, pour la jonction des Rivieres *de Somme* & d'*Oise*; & de rendre lesdites deux Rivieres navigables aux endroits qui seront jugés nécessaires; qu'à cet effet ledit Sr. *de Marcy* joüiroit lui, ses hoirs, & aïant cause, à perpetuité des Droits sur lesdites Rivieres, & Canal de Jonction, tels qu'ils sont mentionnés aux Tarifs faits & arrêtés au Conseil de Sa Majeste', & autres portés audit Edit.

Que depuis l'obtention dudit Edit, & lors de l'enregistrement d'icelui, sur l'opposition y formée par *S. A. S. Madame la Duchesse de Brunsvvick*, heritiere pour moitié de Mademoiselle Marie de Lorraine, Duchesse de Guise, qui étoit seule & unique heritiere par Bénéfice d'inventaire d'Henry de Lorraine Duc de Guise, & en cette qualité proprietaire pour moitié du Privilege, don, & concession fait par le feu Roi Loüis XIV. audit Seigneur Duc de Guise, par Lettres Patentes du mois de Juillet 1662. registrées où besoin a été, de rendre la Riviere d'Oise navigable depuis le Bourg de Nouvion, jusques & compris le Pont & passage de Simpigny, & de joüir à perpetuité lui, ses hoirs, & aïant cause, du fond & tréfond de ladite Riviere, & des droits & privileges portés ausdites Lettres Patentes ; ledit Sr. de Marcy pour accelerer d'autant plus l'enregistrement dudit Edit du mois de Septembre 1724. & pour obvier à d'autres oppositions qui y pouvoient survenir, se seroit trouvé contraint de traiter avec sadite A. S. Madame la Duchesse de Brunswick, de ses prétentions sur ladite Riviere d'Oise, qui par la Sentence Arbitrale prononcée le premier Août 1725. par Mes Noüet, & Jullien de Prunay, Avocats au Parlement, Arbitres convenus entre les parties pour juger l'indemnité qui pouvoit être accordée à sadite *A. S.* auroient été liquidées à la somme de cinquante mille livres, au païement de laquelle somme ledit Sieur *de Marcy* se seroit obligé par Acte portant acquiescement à ladite Sentence, passé pardevant Lorimier, & son Confrere, Notaires à Paris le 13. dudit mois d'Août 1725. dans les tems, & de la maniere portés audit Acte.

Que les choses étant en cet état, ledit Sr. *de Marcy* auroit été conseillé d'associer à la proprieté de son privilege, les particuliers qui voudroient s'interesser à l'execution d'un Projet aussi utile à l'Etat, & au commerce en général.

Que dans ce dessein il auroit proposé ausdits Sieurs susnommés de s'associer avec lui, & d'accepter tant en leurs noms qu'en celui des particuliers qui entreroient dans ladite association, la cession, & abandonnement à perpetuité dudit privilege suivant qu'il est ci-devant détaillé, sous les réserves & conditions :

1°. Qu'il sera directeur avec eux de ladite entreprise.

2°. Qu'il sera païé & remboursé par forme d'indemnité, tant des sommes qu'il a déboursées jusqu'à ce jour à la suite de cette affaire, que de ce qu'il peut devoir à madite Dame la Duchesse de Brunswick, à cause de ses prétentions sur la Riviere d'*Oise*, liquidées comme il a été ci-devant dit à la somme de cinquante mille livres.

3°. Et en outre d'une portion dans le produit de ladite entreprise, dont il joüira à perpetuité, lui, ses hoirs, & aïant cause, ainsi que les autres interessés ; laquelle portion ſera après les frais de regie & d'entretien, & l'interêt à dix pour cent prélevés par chacun an, au profit des particuliers qui auront fait les fonds neceſſaires pour ladite entrepriſe, d'un ſixiéme du reſtant du produit que la choſe donnera; Enſorte que par ſuppoſition tous les ouvrages à faire ſe trouvant monter à *ſix millions*, & le produit par chacun an à huit cens mille livres, il ſera premierement prélevé ſur leſdits huit cens mille livres, les frais de regie & d'entretien du Canal, & ſes dépendances; enſuite ſix cens mille livres pour l'interêt à dix pour cent deſdits *ſix millions*: & dans le ſurplus, il en appattiendra le ſixiéme audit Sr. *de Marcy*.

Sur laquelle propoſition leſdits Sieurs ſuſnommés après avoir vû, lû, & examiné à fond le privilege accordé par SA MAJESTE' audit Sr. *de Marcy*, avec les Tarifs y joints, les Lettres patentes données à Henry de Lorraine Duc de Guiſe; le tranſport, & ceſſion faite par ladite Dame Ducheſſe de Brunſwick audit Sr. de Marcy, le tout ci-devant datté; les rapports, plans & devis des differens Ingenieurs, & Entrepreneurs qui ont travaillé ſur les lieux, établiſſans la poſſibilité de ladite entrepriſe. L'avis de Meſſieurs les Intendans d'Amiens & de Soiſſons, des utilités & avantages de cette navigation. L'avis auſſi que Meſſieurs du Bureau du commerce, à qui cette affaire avoit été renvoïée, y ont donné le ſix Janvier 1724. comme très-neceſſaire au bien de l'Etat, & particulierement à la Ville de Paris, qui étant informée du projet de cette navigation, s'eſt jointe par requête d'intervention audit Sr. de Marcy, & a demandé au Parlement l'enregiſtrement dudit Edit, fondée ſur les avantages que produiroit à cette grande Ville ladite entrepriſe, qui lui fourniroit un tiers au moins de ſa conſommation, & pluſieurs Memoires, & projets ce concernant. Le tout mûrement réflechi, ONT *leſdits Sieurs Comparans* relativement à l'acte de Déliberation qui va être fait entr'eux, tant pour eux, que pour & au nom des particuliers qui prendront interêt dans ladite entrepriſe, accepté les offres dudit Sr. *de Marcy* aux conditions ſuivantes.

ART. PREMIER. CONSENTENT lesdits Srs. Comparans, de gouverner & administrer les ouvrages, & les fonds qui seront faits pour l'entreprise du Canal & navigation de Picardie, & ses dépendances; & après les ouvrages faits, de régir la navigation & l'entretien dudit Canal, & ses dépendances, & en faire percevoir les droits, conformément aux Tarifs arrêtés au Conseil de SA MAJESTE', pour par eux en compter annuellement, & par répartition aux Interessés; le tout suivant qu'il est mentionné en l'Edit de Septembre 1724. sans qu'à cause du present article, lesdits Srs. Comparans puissent être en aucune façon garands de l'évenement de ladite entreprise, mais seulement de leur régie & administration, & de l'emploi des fonds qui leur seront remis par ceux qui s'y interesseront, ainsi qu'il sera ci-après expliqué.

II. EN CONSEQUENCE ledit sieur de Marcy cede & abandonne à perpetuité aux Particuliers qui prendront interêt dans ladite entreprise, ce acceptant tant pour eux, que pour lesdits Particuliers, leurs hoirs & ayant cause par lesdits sieurs Comparans, conformément à l'article ci-dessus, ledit Privilege du *Canal de Picardie*, ses circonstances & dépendances, droits rescindans & rescisoires, sans en rien excepter; pour par eux & les Particuliers qui s'interesseront dans ladite entreprise, joüir, faire & disposer du tout en pleine proprieté, comme de leur vrai & loyal acquêt; à l'effet de quoi ledit sieur de Marcy leur transporte tous droits de proprieté qu'il peut avoir sur ledit Privilege, sous la reserve mentionée ci-dessus; voulant qu'eux, leurs hoirs, & ayant cause en soient saisis & mis en possession par qui, & ainsi qu'il appartiendra, constituant Procureur le porteur des présentes, donnant pouvoir; & à cet effet à promis remettre ausdits Sieurs comparans, sitôt & après l'homologation des Présentes, pour être deposé aux archives des Associez:

1°. *L'Original* en parchemin dudit Edit de Septembre 1724. registré en Parlement le sept Septembre 1725.

2°. *Les Grosses* en parchemin de l'Arrêt d'enregistrement, & des Arrêts de la Cour du Parlement de Paris, portant main-levée de diverses oppositions formées par differens Particuliers à l'enregistrement dudit Edit.

3°. Expeditions en papier des Compromis, Sentence arbitrale & transaction passées avec S. A. S. Madame la Duchesse de Brunsvvick, concernant la cession de moitié du Privilege sur la Riviere d'Oise, accordé à feu Henry de Lorraine Duc de Guise, avec un imprimé en papier des Lettres Patentes de 1662. établissant le Privilege, au bas desquelles sont plusieurs enregistremens d'icelles ès Cours.

4°. Plusieurs Devis, Plans, Cartes & Mémoires qui ont servi tant à l'obtention dudit Edit, & à son enregistrement, qu'à l'instruction des ouvrages à faire pour ladite entreprise.

III. En faveur de la cession portée en l'article ci-dessus, lesdits sieurs Directeurs reçoivent en qualité de Directeur de ladite entreprise avec eux, ledit sieur de Marcy, aux mêmes droits & honoraires dont ils joüiront; plus lui accordent tant en leurs noms, qu'en celui des Particuliers qui s'interesseront & s'associeront dans ladite Entreprise, la somme de *quatre-vingt mille livres*, de laquelle somme lui sera fait fond à compte des *cent mille livres*, que chaque Directeur sera tenu de mettre dans ladite entreprise, comme il sera ci-après dit.

IV. Plus est accordé audit sieur de Marcy la somme de cinquante mille livres, pour être emploïée à païer l'indemnité de Madame la Duchesse de Brunsvvick, ou autres aïant ses droits; & le fond lui en sera fait des deniers provenans des paiemens qui seront faits par les Associés, dont moitié dans le courant de l'année 1728. & l'autre moitié dans le courant de l'année 1729.

V. Et en outre lesdits Sieurs comparans, tant en leurs noms, qu'en celui des Particuliers qui prendront interêt dans ladite entreprise, eux, leurs hoirs & aïant cause consentent & accordent audit sieur de Marcy, conformément à ses offres & demandes, qu'il ait & lui appartienne à lui, ses hoirs & ayant cause à perpetuité, un sixiéme dans le restant du produit annuel dudit Canal, Navigation, & dependances, après que déduction aura été faite premierement des frais de regie, honoraires, appointemens, frais d'entretien, approvisionnemens, ameliorations, & autres qui pourront être jugés necessaires & utils par lesdits Sieurs comparans, ou leurs successeurs en la direction de ladite entreprise; & ensuite des interêts à dix pour cent au profit desdits Interessez, ainsi qu'il est plus au long expliqué ci-dessus dans la demande dudit sieur de Marcy, sans que sous tels pretextes que ce puissent être, il soit jamais en rien derogé ni innové au present article.

VI. Lesdits sieurs Comparans en qualité de Directeurs, seront avec ledit sieur de Marcy solidairement responsables envers les Particuliers qui s'associeront avec eux, & prendront interêt dans ladite entreprise de leur regie & administration, & de l'emploi des fonds que chacun desdits Particuliers y aura mis, jusqu'à ce qu'ils en ayent rendu compte, & que lesdits comptes ayent été arrêtés aux assemblées générales qui se tiendront tous les six mois.

VII. Cependant lesdits sieurs Comparans & de Marcy, à cause de leur acceptation & consentement, & à cause des conditions & stipulations des païemens mentionnés aux articles ci-dessus, ne seront en aucune façon tenus, obligés, garands, ni responsables en leurs propres & privez noms de l'évenement d'aucune chose, envers qui que ce soit, pas même lesdits sieurs Comparans envers ledit sieur de Marcy, si ce n'est de leur regie & administration, & de l'emploi des fonds que les Associés mettront dans l'entreprise, ainsi qu'il est stipulé par l'article VI. ci-dessus; pourvû toutefois que lesdits sieurs Directeurs ne fassent point d'autre emploi des fonds qu'aux ouvrages mentionnés dans les arrêtés par les Ingenieurs, & approuvés par Messieurs les Commissaires du Conseil nommés, & aux frais de regie, & autres legitimes.

VIII. Lesdits sieurs Comparans & ledit sieur de Marcy, tous en qualité de Directeurs s'engagent & s'obligent de mettre chacun *cent mille livres* dans ladite entreprise.

IX. Et pour plus de validité des Présentes, sera SA MAJESTE' très-humblement suppliée, de vouloir bien les homologuer en son Conseil.

CAR AINSI le tout a été convenu & arrêté : Promettant, &c. obligeant, &c. renonçant, &c. Fait & passé à Paris en l'Etude de Me *Besnier* Notaire soussigné, *l'an mil sept cens vingt-sept*, le douzième jour de Decembre après midi ; & ont signé la minute des Présentes demeurée à Me *Besnier* Notaire. *Signé*, CHAMPIA & BESNIER, Notaires, *avec paraphes* : & en marge est écrit : *Scellé ledit jour* avec un paraphe.

ET A L'INSTANT lesdits sieurs Directeurs, pour satisfaire à l'acte ci-devant, & dans le dessein de procurer au Public les avantages qu'il doit attendre de cette entreprise, ONT, sous le bon plaisir de SA MAJESTE', fait & arrêté par forme de Déliberation les articles suivans.

I. Sera fait fond par les Associez interessez à l'entreprise de la somme de *six millions* de livres, à quoi suivant les Memoires & Devis des differens Ingenieurs & Entrepreneurs qui ont travaillé sur les lieux, se sont trouvés monter les ouvrages de ladite entreprise, pour la mettre à son entiere perfection, y compris toutes indemnités, & frais généralement quelconques.

II. Lesdits *six millions* seront païés en cinq années de tems, en dix païemens égaux, de six mois en six mois ; dont le premier se fera à commencer du premier Janvier prochain 1728. & dans tout le courant dudit mois ; le second dans le courant du mois de Juillet de ladite année 1728. & ainsi de six en six mois, jusqu'au parfait païement.

III. Il sera tenu un registre portant le N°. le nom, & la somme pour laquelle chacun des particuliers Associés s'interessera dans l'entreprise, laquelle ne pourra être au-dessous de *mille livres* ; ausquels particuliers il sera délivré des extraits dudit registre pour les sommes, pour lesquelles ils seront emploïés, signés du Caissier, & controllés par deux desdits sieurs Directeurs; & en cas que quelqu'un desdits Particuliers voulût ceder son interêt en tout ou partie, l'Acquereur sera substitué sur ledit Registre au lieu & place du Vendeur. Les païemens seront inscrits sur ledit registre au fur & à mesure qu'ils seront faits dans les temps prescrits par l'article II. ci-dessus, & sera ledit registre cotté & paraphé à chaque article par trois Directeurs, & signé à la fin par tous lesdits Directeurs, ou au moins par sept d'entr'eux.

IV. Les Associés qui ne satisferont pas aux païemens dans les tems énoncés dans l'article II. demeureront déchus du premier païement faute de satisfaire au deuxiéme; & dans le défaut de satisfaire aux autres païemens successivement, ils demeureront déchus de moitié, tant du premier que des autres qu'ils auront faits, qui demeurera au profit de ladite entreprise, & le surplus sera remis aux défaillans après l'entiere perfection des ouvrages sur le produit de la Navigation, toutes charges ci-devant mentionnées déduites, & sans aucun interêt, & lesdits sieurs Directeurs seront valablement autorisés en vertu des Présentes seulement, sans qu'il soit besoin d'autre pouvoir de recevoir à la place des défaillans, les particuliers qui se presenteront pour entrer dans la Societé, qui seront substitués sur le registre à la place desdits défaillans; à la charge par lesdits nouveaux Associés de remplir les termes des païemens déja échus, & de continuer ensuite les autres païemens chacun à leur échéance, conformément à l'article II. sans que pour quelque raison que ce soit le present article puisse être reputé comminatoire; mais de rigueur & de fait.

V. Les sommes pour lesquelles les Associés seront interessés, ne seront susceptibles d'aucunes saisies, sous tels pretextes que ce puissent être pendant le cours des ouvrages.

VI. Les Associés seront tenus après l'entiere perfection de l'entreprise, de faire convertir les sommes pour lesquelles ils y seront interessés, en un ou plusieurs contrats, à leurs frais, sous les noms & au profit de telles personnes qu'ils voudront

voudront indiquer ; lesquels contrats seront passés devant Besnier, Notaire, que lesdits sieurs Directeurs nomment seul à cet effet.

VII. Attendu que la Navigation de la Riviere d'Oise, qui est la premiere operation, ouvrira le commerce de Paris, & au-dessus avec la *Picardie*, *le Cambresis*, *l'Artois*, *le Hainault*, & *la Thierache*, il sera fait une repartition aux Interessés du produit que cette Navigation donnera, à la deduction toutefois des frais de regie, & sauf les droits dudit sieur de Marcy portés par l'article V. de l'acte de cession des autres parts.

VIII. Il sera fait tous les six mois par affiches au jour que l'on indiquera une assemblée générale, concernant le progrès des travaux & de la Navigation, où toute personne qui sera interessée pour *dix mille livres* aura entrée ; lesdits sieurs Directeurs informeront lesdits Interessez de leur gestion, & administration par l'exhibition des registres de recette, & de dépense. Les comptes de l'emploi des deniers qui auront été faits pendant les six mois, y seront arrêtés, & ils donneront connoissance de leurs projets, pour le bien & avantage commun.

IX. Outre le registre specifié dans l'article III. de la présente Déliberation, il en sera fait quatre autres qui seront cottés & paraphés par l'un desdits sieurs Directeurs, & signés sur le premier feuillet d'eux tous, ou de sept au moins d'entr'eux, à peine de nullité de tout ce qui pourroit y être écrit.

Le premier desdits quatre registres sera pour y transcrire la presente Déliberation, & toutes celles que l'on fera dans la suite; & dans toutes les assemblées aucune affaire ne pourra être decidée que par le nombre de sept au moins desdits sieurs Directeurs, à peine de nullité.

Le second desdits Registres contiendra la recette & dépense de la caisse générale, dont il y aura un double qui servira de controlle, qui sera mis entre les mains de deux desdits sieurs Directeurs, qui seront nommés par eux à cet

cet effet à la pluralité des voix, & cette nomination se fera tous les six mois.

Le troisiéme contiendra la recette & dépense du Caissier particulier ; & le dernier sera pour toutes les adjudications, marchés & traités qui seront faits concernant ledit canal.

X. Toutes les sommes qui seront reçûës provenantes des païemens faits par les Interessés à ladite entreprise, seront portées en Recette sur ledit Registre de Caisse, & les deniers seront renfermés dans une Caisse, que l'on nommera la Caisse génerale, qui fermera à trois clefs differentes, dont trois desdits Sieurs Directeurs auront chacun une tous les six mois à tour de rolle ; au bout desquels six mois ils seront tenus de rendre leur compte aux autres Directeurs leurs confreres, avant l'assemblée générale, sans que pour quelque raison que ce soit, ils puissent s'en exempter.

XI. Il ne sera sorti aucuns deniers de la Caisse générale qu'en vertu d'un état arrêté, & signé par sept au moins desdits Sieurs Directeurs, lequel état constatera les motifs de l'emploi qu'on devra faire des sommes que l'on délivrera : & seront lesdites sommes remises à un Caissier solvable, qui sera nommé à la pluralité des voix, & qui sera tenu de donner bonne & suffisante caution ; lequel Caissier donnera son recepissé à la Caisse générale desdites sommes à lui remises, pour les compter aux personnes qui seront dénommées dans ledit état qui sera arrêté par sept au moins desdits Sieurs Directeurs.

XII. Le Caissier qui aura ainsi été choisi par lesdits Sieurs Directeurs, sera tenu de rapporter dans quinzaine des quittances valables des sommes qui auront été emploïées dans l'état qui lui aura été remis, à peine d'en répondre en son propre & privé nom ; lesquelles quittances seront par lui remises aux trois Directeurs en exercice qui auront la Caisse générale pour servir à la reddition de leurs comptes : & ledit Caissier sera obligé de representer son Registre de recette & de dépense, avec les pieces justificatives, toutes les fois qu'un desdits Sieurs Directeurs l'en requerera.

XIII. Lesdits Sieurs Directeurs s'assembleront un jour de chaque semaine dans une maison qui sera choisie à cet effet pour y déliberer sur les affaires concernant la regie, construction & navigation dudit Canal, lesquelles affaires seront décidées à la pluralité des voix sur le nombre de sept au moins; & celui desdits Sieurs Directeurs qui sera entré le premier dans ladite Assemblée, opinera le dernier, demandera les avis, recüeillera les voix, dirigera les matieres dont il sera question; & la décision sera couchée & signée sur le champ sur le livre des Déliberations; & les autres jours de la semaine, il sera tenu suivant l'exigence des cas, des commités pour y traiter des affaires urgentes, lesquelles seront rapportées pour être décidées à l'Assemblée suivante.

XIV. Les adjudications des travaux de ladite entreprise, seront faites sur les lieux, dans les Bourgs, & Villes les plus voisines des travaux, pardevant deux desd. Sieurs Directeurs qui seront choisis à cet effet, à la pluralité des voix; ou à Paris par sept au moins desdits Sieurs Directeurs, le tout au rabais & moins disant, ou de toute autre maniere qu'il sera jugé à propos par lesdits Sieurs Directeurs.

XV. Les jours pour les adjudications au rabais desdits ouvrages seront indiqués par lesdits Sieurs Directeurs, ils en feront faire les publications par des billets proclamatoires aux lieux convenables, qui contiendront la qualité, & quantité des ouvrages qu'on voudra adjuger, le jour, l'heure, le lieu, & les noms des Directeurs pardevant qui elles seront faites.

XVI. Les publications mentionnées en l'article ci-dessus, seront faites dans les Paroisses qui seront indiquées par des Huissiers ou Sergens, lesquelles ils feront certifier par les Maires ou Syndics desdites Paroisses, & ils rapporteront lesdites publications certifiées ausdits Sieurs Directeurs, avant de proceder ausdites adjudications.

XVII. Il sera loisible ausdits Sieurs Directeurs, de faire afficher & publier à son de trompe, & de tambour dans toutes les Villes & lieux qu'ils jugeront necessaires, lesdites adjudications à faire, afin que personne n'en ignore.

XVIII. Il y aura au moins huitaine franche entre la derniere publication, & les adjudications, où toutes personnes seront reçûes à mettre le rabais, en donnant bonne & suffisante caution.

XIX. Toutes les adjudications, traités, devis, marchés au rabais, & autres qui seront faits pour raison de l'entreprise dudit Canal & navigation, ou copies d'icelles en bonne forme, seront rapportées au Greffe de Messieurs les Commissaires que le Roi a nommés par l'Arrêt de son Conseil, & commission en conséquence du 11. Septembre 1725. pour l'execution de l'Edit du Canal & navigation de Picardie, pour y être fait droit par lesdits Sieurs Commissaires en cas de contestations; & les Actes qui pourront être faits en conséquence de ce que dessus, seront passés devant ledit Besnier Notaire, que lesdits Sieurs Directeurs nomment à cet effet.

XX. Il sera libre ausdits Sieurs Directeurs de prendre les alignemens pour la construction dudit Canal, & navigation par tous les endroits qu'ils estimeront les plus convenables, pour y faire foüiller les terres, abattre & démolir les moulins, murs, & maisons; & généralement tout ce qui se trouvera nuisible à ladite navigation, sans que les oppositions qu'on pourroit y former, puissent y apporter aucun obstacle; mais il sera passé outre sans retardement ausdits travaux, sauf aux propriétaires de quelque condition & état qu'ils puissent être, à se pourvoir pardevant Messieurs les Commissaires du Conseil nommés à cet effet, le tout conformément aux Articles II. & III. de l'Edit établissant ladite navigation.

XXI. Tous les frais de voïage, de régie, & de Commis concernant la construction & l'établissement dudit Canal, seront païés par ledit Caissier particulier, sur un Etat qui sera arrêté par sept au moins desdits Sieurs Directeurs.

XXII. Il sera libre à chacun desdits sieurs Directeurs, de se retirer de ladite direction quand bon lui semblera, sans que pour quelque cause que ce puisse être, on puisse l'obliger de la continuer; mais ceux qui en prendront la résolution, seront tenus d'en donner avis à leurs Confreres dans leur assemblée particuliere; lesquels choisiront à la pluralité des voix, un des Associés capable de remplir la place de celui qui quittera, aux mêmes charges, clauses & conditions que lui; en telle sorte que celui qui se retirera ne pourra le faire qu'après avoir préalablement rendu compte aux autres Directeurs, de ce dont il aura été chargé, ni reprendre ses fonds, qu'aprés que son successeur aura mis les mêmes fonds dans l'entreprise.

XXIII. En cas d'abdication, ou de decès d'un ou de plusieurs desdits sieurs Directeurs, le nombre en sera remplacé, par lesdits sieurs Directeurs aux mêmes clauses, charges & conditions mentionnées en l'article ci-dessus, tant que dureront lesdits ouvrages seulement, après lesquels faits & parfaits, le nombre desdits sieurs Directeurs, dans le cas d'abdication ou de decès, demeurera réduit & fixé à celui de six ou huit au plus, pour la regie de ladite Navigation.

XXIV. Les honoraires desdits sieurs Directeurs seront de la somme de *trois mille livres* à chacun par an, qui commenceront à courir du jour de l'homologation des Presentes; & cependant declarent lesdits sieurs Directeurs n'en vouloir rien toucher que lorsque la Navigation produira.

Comme aussi promettent & s'obligent lesdits sieurs Directeurs, de payer par chacune année à M. de Valles, l'un desdits sieurs Commissaires du Conseil, la somme de *huit mille livres*, pour les honoraires de lui & de son Secretaire; sauf au Roi à ordonner au profit dudit sieur de Valles une gratification après la confection de l'entreprise, & dans le courant. *Conformément à l'arrêté du Conseil.*

XXV. Tous les emplois pour faire la regie & la perception des droits de ladite Navigation, seront nommés à la pluralité des voix par lesdits sieurs Directeurs, & les Commis ne pourront être acceptés qu'en donnant bonne & suffisante caution.

XXVI. Tous les Officiers de judicature seront aussi nommés par Messieurs les Directeurs à la pluralité des voix.

XXVII. S'il se trouve quelque chose d'obmis dans la présente Déliberation, il y sera pourvû & suppléé par d'autres Déliberations.

Et pour plus de validité des Présentes, & de leur entiere execution, lesdits sieurs Directeurs supplient très-humblement SA MAJESTE' de vouloir bien les homologuer par un Arrêt de son Conseil.

Dont acte fait & passé à Paris en l'Etude dudit *Besnier*, Notaire soussigné, *le douze Decembre mil sept cent vingt-sept*, après midi : Et ont signé la minute des Présentes, étant ensuite de celle dont expédition est ci-dessus, & des autres parts ; le tout demeuré audit Me *Besnier*, Notaire. *Signé*, CHAMPIA, & BESNIER Notaires, *avec paraphe*. Et en marge est écrit : *Scellé ledit jour*, avec un paraphe.

ARREST
DU CONSEIL D'ESTAT
DU ROY,

QUI homologue les Traité & Déliberation du 12. Decembre 1727.

Extrait des Registres du Conseil d'Estat.

VEu au Conseil d'Etat du Roy, SA MAJESTE' y étant, l'Edit du mois de Septembre 1724. enregistré au Parlement le sept Septembre 1725. par lequel SA MAJESTE' a permis au Sieur *Caignart de Marcy*, Doïen des Conseillers du Baillage de S. Quentin, & à ses Associés, de faire une navigation en Picardie par les Rivieres *de Somme* & *d'Oise*, & Canal de communication desdites deux Rivieres; l'Arrêt du Conseil portant nomination de Commissaires pour l'execution dudit Edit, & la Requête presentée par les Sieurs *Crozat*, *Borry*, *Durey d'Harnoncourt*, le *Normand*, *Blampin de Sormeray*, *Bourassé*, *Montmerqué de Cirmont*, *de Riencourt*, *Verac*, *Berland du Massu*, *Renard du Tasta*, & *de Marcy*, tendante à ce qu'il plût au Roi d'agréer, confirmer, & homologuer en son Conseil le traité du douze Decembre 1727. par lequel le Sr de Marcy a cedé & transporté le privilége qui lui a été accordé par ledit Edit ausdits Sieurs, tant pour eux en qualité de Directeurs, que pour ceux qui s'associeront & s'interesseront dans ladite entreprise, aux clauses & conditions mentionnées dans ledit Traité; ensemble la Déliberation faite entr'eux en leurdite qualité de Directeurs, le même jour & an, concernant la régie & administration des ouvrages, & des fonds necessaires pour l'execution de ladite entreprise; SA MAJESTE' après avoir fait examiner en son Conseil lesdits deux actes: Oüi le rapport, & tout consideré. LE ROY ESTANT EN SON CONSEIL, a homologué, & homologue ledit Acte de cession & transport, fait par ledit *Sr de Marcy*, le douze Decembre 1727. ensemble l'Acte de Déliberation du même jour & an. Veut SA MAJESTE' qu'ils soient executés selon leur forme & teneur; Enjoint aux Srs Intendans *d'Amiens*, & *de Soissons*, & *de Valles*, ancien Grand-Maître des Eaux & Forêts du Hainault, Commissaires nommés par l'Arrêt du Conseil du 11. Septembre 1725. de tenir la main à l'execution du present Arrêt, & de veiller à ce qu'il ne soit démoli que le moins de Moulins qu'il sera possible, même de faire rétablir ceux qui auront été démolis dans les endroits où ils seront jugés necessaires. FAIT au Conseil d'Etat du Roy, SA MAJESTE' y étant, tenu à Versailles le vingt-septiéme jour de Decembre mil sept cent vingt-sept.

Signé, PHELYPEAUX.

ARREST
DU CONSEIL D'ESTAT DU ROY.

QUI nomme les Ingenieurs pour la construction du Canal, & Navigation de Picardie.

Extrait des Registres du Conseil d'Etat.

VEU PAR LE ROY étant en son Conseil, la Requête presentée à SA MAJESTE', par les sieurs Commissaires du Conseil nommés pour l'execution du Canal & Navigation de Picardie, & les Directeurs & Interessés à ladite entreprise, par laquelle ils la supplient très-humblement de vouloir bien nommer pour Ingenieur & Directeur en chef le sieur *de Regemorte*, & pour Ingenieur en second le sieur *de Prefontaine*, pour conduire, diriger & faire executer les ouvrages à faire pour l'entiere execution de ladite entreprise. Oüi le rapport, & tout consideré, LE ROY ESTANT EN SON CONSEIL, aïant aucunement égard à ladite Requête, a nommé & nomme le sieur *de Regemorte* Ingenieur & Directeur en chef, & le sieur *de Prefontaine* Ingenieur en second, pour conduire, diriger & faire executer les travaux à faire pour le Canal & Navigation de Picardie, jusqu'à leur entiere perfection. FAIT au Conseil d'Estat du Roi, SA MAJESTE' y étant, tenu à Versailles le vingt-septiéme jour de Decembre, mil sept cens vingt-sept. Signé, PHELYPEAUX.

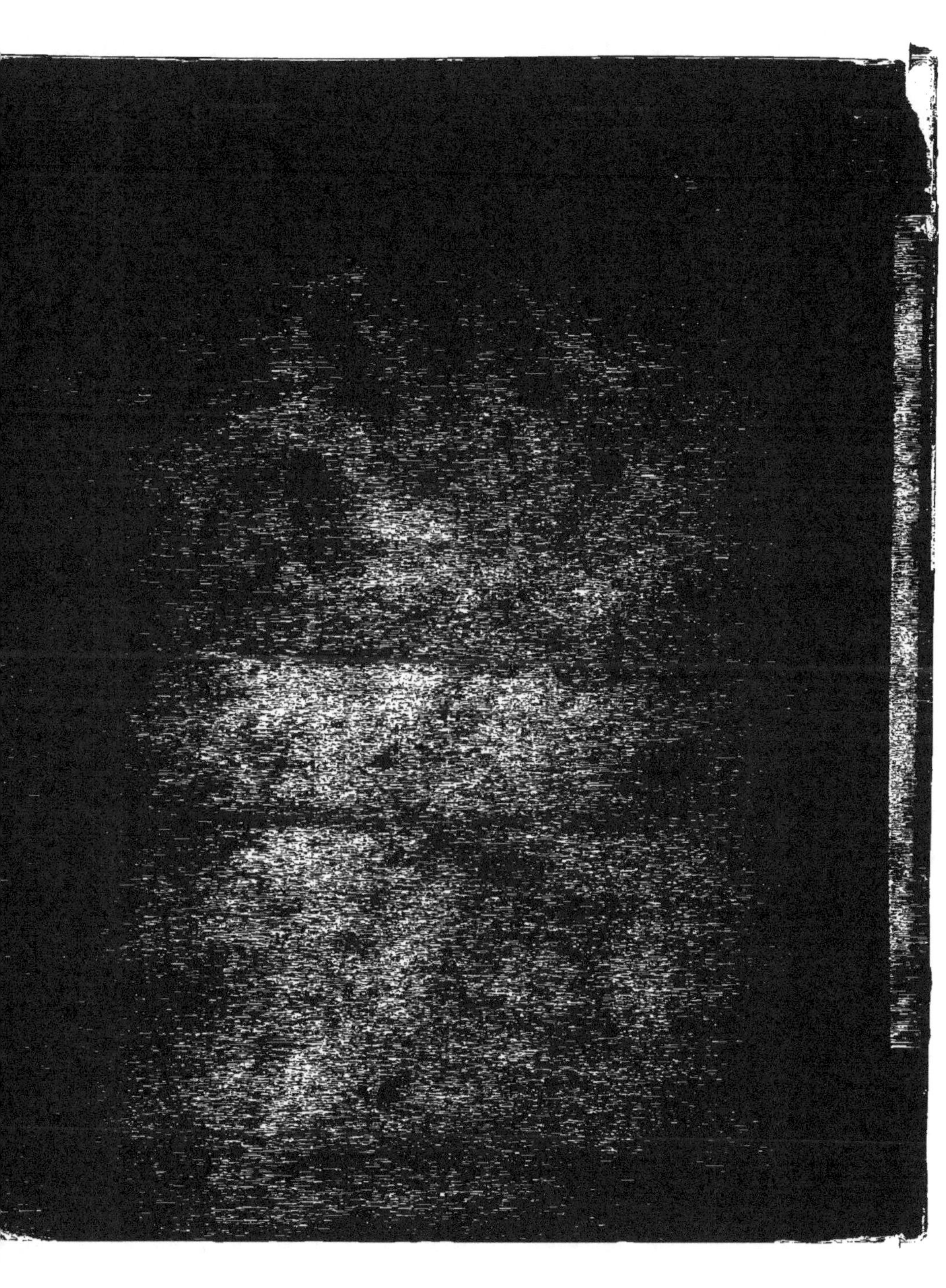

www.ingramcontent.com/pod-product-compliance
Lightning Source LLC
LaVergne TN
LVHW010053230826
846091LV00005B/1922

* 9 7 8 2 0 1 3 2 6 1 6 3 0 *